DER WEG NACH ELEUSIS

R. Gordon Wasson/Albert Hofmann
Carl A. P. Ruck

DER WEG NACH ELEUSIS

Das Geheimnis der Mysterien

Aus dem Amerikanischen übertragen
von Adrian Linder

Titel der Originalausgabe:
The Road to Eleusis. Unveiling the Secret of the Mysteries

Nachtschatten Verlag AG
Kronengasse 11
CH-4500 Solothurn
Tel.: 0041 32 621 89 49
www.nachtschatten.ch
info@nachtschatten.ch

Umschlaggestaltung:
Lukas Emmenegger, Solothurn

Grafische Nachbearbeitung:
Nina Seiler, Zürich

Umschlagfoto: Triptolemos zwischen Demeter (links), die ihm Ähren reicht, und Persephone (rechts), die ihn segnet. Nachbildung eines Votivreliefs aus Eleusis, ca. 440–430 v. Chr., Athen, Archäologisches Nationalmuseum

Druck: Druckerei und Verlag Steinmeier, Deiningen
ISBN: 978-3-03788-481-2

Der Nachtschatten Verlag wird vom Bundesamt für Kultur mit einem Strukturbeitrag für die Jahre 2021–2024 unterstützt.

Für
Richard Evans Schultes,
Ph. D., M. H. (Hon.)
Pionier der Erforschung psychotroper Pflanzen der Neuen Welt, Inhaber des Paul C. Mangelsdorf-Lehrstuhls für Naturwissenschaften, Direktor und Kurator für Ökonomische Botanik (Botanisches Museum der Harvard-Universität)

INHALT

VORWORT

Über die Eleusinischen Mysterien ist während so langer Zeit derart viel geschrieben worden, daß die vorliegende Publikation von Beiträgen zu diesem Thema nach einem Wort der Rechtfertigung verlangt. Fast zwei Jahrtausende lang wurde Jahr für Jahr (mit einer Ausnahme), sorgfältig abgeschirmt von der Außenwelt, in unserem Monat September das Mysterium gefeiert. Mit Ausnahme von Personen ›mit dem ungesühnten Blut eines Menschen‹ an den Händen stand die Teilnahme jedermann frei, der Griechisch sprach. Die Initianden durchlebten die Nacht im Telesterion von Eleusis unter der Leitung der beiden Hierophantenfamilien, der Eumolpiden und der Keryken, und sie gingen voller Staunen über die wunderbaren Erlebnisse wieder davon; wie einige von ihnen berichten, waren sie nie mehr dieselben wie zuvor. Die Zeugnisse über jene Nacht der ehrfurchtgebietenden Erfahrungen sind einmütig, und Sophokles spricht für die Eingeweihten, wenn er sagt: »Dreifach glücklich sind jene unter den Sterblichen, die, nachdem sie diese Riten gesehen, zum Hades schreiten; ihnen allein ist dort wahres Leben vergönnt. Für die übrigen ist da alles schlimm.« Äußerungen wie diese liegen in großer Zahl vor, doch bis jetzt wußte niemand, wodurch sie gerechtfertigt sein könnten. Darin sehen wir das Geheimnis der Eleusinischen Mysterien. Diesem Geheimnis haben wir – Carl A. P. Ruck, Albert Hofmann und ich – uns gewidmet und glauben nun die Lösung gefunden zu haben; nahezu 2000 Jahre nach der letzten Durchführung der Zeremonie und ungefähr 4000 Jahre nach der ersten.

Die ersten drei Kapitel dieses Buches waren ursprünglich Vorträge, die von den Verfassern am Freitag, den 28. Oktober 1977, während der ›Zweiten Internationalen Konferenz über Halluzinogene Pilze *(Second International Conference on Hallucinogenic Mushrooms)*‹ auf der Olympic Peninsula (Washington) gehalten wurden.

R. Gordon Wasson

ERSTES KAPITEL. DIE WASSONS AUF DEM WEG NACH ELEUSIS

Mit diesem Büchlein eröffnen wir ein neues Kapitel in der Geschichte der fünfzigjährigen Disziplin der Ethnomykologie; ein Kapitel, das erstmals und in umfassender Weise unsere eigene kulturelle Vergangenheit ins Blickfeld rückt: unser Erbe aus dem alten Griechenland. Ethnomykologie ist ganz einfach die Untersuchung der Rolle von Pilzen – im weitesten Sinn – in der Vergangenheit der menschlichen Rasse; sie ist ein Zweig der Ethnobotanik.

Die englische Sprache besitzt kein Wort zur Benennung der höheren Pilze. ›*Toadstool*‹ (›Krötenschemel‹; der gebräuchliche englische Name für größere Blätterpilze, mit der Konnotation der Giftigkeit) ist eine abwertende Bezeichnung, die all jene Pilzgewächse umfaßt, denen der Benützer zu Recht oder zu Unrecht mißtraut. ›*Mushroom*‹ (›*Pilz*‹, mit der Konnotation der Eßbarkeit) ist ein mehrdeutiges Wort, das für verschiedene Personen verschiedene Gebiete der Pilzwelt abdeckt. In der englischen Originalausgabe dieses Büchleins wird ›*mushroom*‹ für alle höheren Pilze verwendet. Nun, da endlich die Welt diese Pilzgewächse in all ihren Myriaden von Formen und Farben und Gerüchen und Konsistenzen kennenzulernen beginnt, wird vielleicht dieser neuartige Gebrauch einem Bedürfnis entsprechen und allgemein akzeptiert werden.[1]*

* Die hochgestellten Ziffern verweisen auf die Anmerkungen am Schluß jedes Kapitels.

Wir haben uns zu dritt dieser Darstellung angenommen. Dr. Albert Hofmann ist der Schweizer Chemiker, der durch die Entdeckung des LSD im Jahr 1943 berühmt geworden ist, aber er besitzt darüber hinaus eine enzyklopädische Kenntnis der Pflanzenalkaloide und wird unsere Aufmerksamkeit auf einige ihrer Eigenschaften lenken, die für die Eleusinischen Mysterien bedeutsam sind.

Da wir es mit einem zentralen Thema der antiken griechischen Zivilisation zu tun haben, lag es auf der Hand, daß wir die Mitarbeit eines Gräzisten brauchten. Im richtigen Augenblick erfuhr ich von Professor Carl A. P. Ruck von der Universität Boston, der seit einigen Jahren bemerkenswerte Entdeckungen auf dem schwierigen Gebiet der griechischen Ethnobotanik macht. Viele Monate lang haben wir drei die hier vorgelegte These studiert, und Rucks Beitrag wird den Abschluß bilden. Die *Homerische Hymne an Demeter* ist die Quelle für den Mythos, der Eleusis zugrunde liegt; die neue Übertragung in diesem Band stammt von Danny Staples.[2]

Meine Aufgabe in diesem ersten Beitrag wird sein, auf bestimmte Merkmale des Kultes der Rauschpilze in Mexiko aufmerksam zu machen.

Im frühen zweiten Jahrtausend vor Christus wurden in Griechenland die Mysterien von Eleusis begründet, und von da an hielten sie die alljährlich am Ritual teilnehmenden Initianden in ihrem Bann. Absolutes Stillschweigen über die Vorgänge war Pflicht: die athenischen Gesetze sahen extreme Strafen für den Bruch der Geheimhaltung vor, aber in der gesamten griechischen Welt, weit über den Einflußbereich von Athens Rechtssprechung hinaus, wurde das Geheimnis während der Antike spontan gewahrt, und seit der Aufhebung der Mysterien im 4. Jahrhundert n. Chr. ist dieses Geheimnis zu einem integrierenden Element in der griechischen Altertumskunde geworden. Es würde mich nicht einmal überraschen, wenn gewisse Altertumsforscher das Gefühl bekämen, wir hätten uns eines empörenden Sakrilegs schuldig gemacht, indem wir das Geheimnis ans Licht zerrten. Am 15. November 1956 hielt ich vor der ›Amerikanischen Philosophischen Gesellschaft‹ einen kurzen Vortrag über den mexikanischen Pilzkult, und in der darauffolgenden mündlichen Diskussion deutete ich an, daß uns dieser Kult zur Lösung der eleusinischen Mysterien führen könnte. Kurz darauf schrieb mir ein berühmter englischer Archäologe, ein Griechenlandspezialist, zu dem ich etwa 35 Jahre das beste Verhältnis gehabt hatte, in einem kleinen Brief folgendes: »Ich glaube nicht, daß Mykene irgend etwas mit dem göttlichen Pilz zu tun hatte, und auch nicht die Eleusinischen Mysterien. Darf ich ein Wort der Warnung beifügen? Bleiben Sie bei Ihrem mexikanischen Pilzkult und hüten Sie sich davor, überall Pilze zu sehen. Ihr Vortrag in Philadelphia hat uns gut gefallen, und wir möchten Ihnen empfehlen, sich so eng an diese Linie zu halten, wie Sie können. Verzeihen Sie die Offenheit eines alten Freundes.« Leider ist er nun ›Zu den Schatten im Hades‹ eingegangen – doch vielleicht sollte ich froh sein, daß er sich nicht verletzt fühlen muß durch meine ›Unverschämtheit‹, seinen wohlgemeinten Rat in den Wind zu schlagen.

Meine verstorbene Gattin Valentina Pavlovna und ich waren die ersten, die den Begriff Ethnomykologie verwendeten, und während der letzten 50 Jahre sind wir eng mit den Fortschritten in dieser Disziplin verbunden geblieben. Um dem Leser eine Ahnung von der unserer neuesten Entdeckung innewohnenden Dramatik zu vermitteln, werde ich zu Beginn die Geschichte unseres ›Pilzabenteuers‹ rekapitulieren, das genau die letzten 50 Jahre umfaßt. Es macht weitgehend die Autobiographie der Familie Wasson aus und hat uns schließlich auf direktem Weg nach Eleusis geführt.

Gegen Ende August 1927 verbrachten meine damalige Braut und ich unsere verspäteten Flitterwochen in einem Chalet in Big Indian in den Catskills, das uns vom Verleger Adam Dingwall zur Verfügung gestellt worden war. Sie war in Moskau geboren und entstammte einer Familie der russischen ›Intelligenz‹. Im Sommer 1918 war Tina im Alter von 17 Jahren mit ihrer Familie aus Rußland geflohen. Sie bildete sich an der Universität von London zur Ärztin aus und eröffnete nach harter Arbeit ihre Kinderklinik in New York. Ich war ein Zeitungsmann in der Finanzabteilung der *Herald Tribune*. An jenem ersten schönen Nachmittag unseres Urlaubs in den Catskills spazierten wir Hand in Hand einen Weg entlang, glücklich wie die Lerchen, alle beide überschäumend vor Lebensfreude. Rechts von uns war eine Lichtung, linkerhand ein Bergwald.

Plötzlich ließ Tina meine Hand los und schoß wie ein Pfeil in den Wald hinein. Sie hatte Pilze erblickt, eine Riesenmenge von Pilzen verschiedener Arten, die den Waldboden bevölkerten. Sie schrie fast vor Freude über die Schönheit dieser Pilze und sprach jede Art mit einem liebevollen russischen Namen an. Eine solche Pracht hatte sie nicht mehr gesehen, seit sie vor beinahe einem Jahrzehnt die Datscha ihrer Familie bei Moskau verlassen hatte. Sie kniete vor diesen Schwämmen[3] in Anbetungsposen wie die Heilige Jungfrau vor dem Engel der Verkündigung und begann einige davon in ihrer Schürze zu sammeln. Ich rief ihr zu: »Komm zurück, komm zurück zu mir! Die sind giftig und faul. Das sind Giftpilze.[4] Komm zurück zu mir!« Sie lachte nur noch mehr: für immer wird ihr fröhliches Lachen in meinen Ohren klingen. An jenem Abend würzte sie die Suppe mit den Pilzen, sie garnierte das Fleisch mit Pilzen, sie zog Pilze an Fäden auf und hängte sie zum Trocknen, für den Winter, wie sie sagte; meine Verwirrung war vollständig. Ich aß an jenem Abend keine Pilze. Außer mir und zutiefst verletzt, gab ich mich wilden Gedanken hin: Ich sagte ihr, ich würde als Witwer aufwachen.

Es stellte sich heraus, daß sie recht hatte und ich nicht. Die besonderen Umstände dieser Episode scheinen den Lauf unseres Lebens geprägt zu haben. Wir begannen, bei unseren Landsleuten nachzufragen; sie bei den Russen und ich bei den Angelsachsen. Rasch fanden wir, daß unsere individuellen Einstellungen typisch für unsere Völker waren. Dann fingen wir an, Informationen zu sammeln, zuerst langsam, zufällig, mit Unterbrechungen. Wir stellten unseren jeweiligen Wortschatz für Pilze zusammen: der russische war ›endlos‹ und ist heute noch nicht vollständig; der englische war im wesentlichen auf drei Wörter beschränkt, von denen zwei nur ungenau definiert werden –, *toadstool*, *mushroom*, *fungus*.[5] Die russischen Dichter und Romanciers erzählten in ihren Schriften oft von Pilzen und immer in einem liebevollen Kontext. Einem Fremden muß es vorkommen, als ob jeder russische Poet Verse über das Pilzesammeln schriebe, sozusagen als Prüfungsritual, um ernst genommen zu werden! In der englischen Literatur findet das Thema ›Pilze‹ fast kein Interesse: Chaucer und Milton erwähnen sie gar nicht, die übrigen selten. Für Shakespeare, Spenser, William Penn, Laurence Sterne (besonders viele Belege), Shelley, Keats, Tennyson, für Edgar Allan Poe, D. H. Lawrence und Emily Dickinson sind *›mushroom‹* und *›toadstool‹* unangenehme, sogar ›widerliche‹ Bezeichnungen. Wenn unsere Dichter sie überhaupt erwähnen, bringen sie sie mit Zerfall und Tod in Verbindung.

Wir begannen unsere Netze weiter zu spannen und dehnten unsere Untersuchungen auf alle Völker Europas aus, nicht nur auf die Deutschen, Franzosen und Italiener, sondern ganz besonders auch auf die Randkulturen außerhalb des Hauptstroms, wo archaische Formen und Glaubensinhalte am längsten überleben – die Kulturen der Albaner, Friesen, Lappen, Basken, Katalanen und Sardinier, Isländer und Färöer, und natürlich die der Ungarn und Finnen. Bei allen unseren Erkundigungen hielten wir nicht die Gebildeten, sondern die einfachen und ungeschulten Bauern für unsere besten Gewährsleute. Wir erforschten ihre Kenntnis der Pilze und die Verwendungen, die sie dafür hatten, wobei wir sorgfältig darauf achteten, auch die von Lexikographen oft vernachlässigten erotischen und ›schlüpfrigen‹ Nebenbedeutungen der Wörter zu notieren. Wir überprüften die gebräuchlichen Namen für Pilze in all diesen Kulturen und suchten nach den fossilen Metaphern, die in ihren Etymologien verborgen lagen, um herauszufinden, was diese Metaphern ausdrückten und ob aus ihnen eine positive oder eine negative Einstellung gegenüber den Pilzen, unseren ›erdnahen Geschöpfen‹, herauszulesen war. Eine unbedeutende Angelegenheit, mag man einwenden, dieser Unterschied in der emotionellen Einstellung zu wilden Pilzen. Aber meine Frau und ich dachten nicht so und brachten jahrzehntelang die meisten unserer freien Stunden damit zu, diesen Unterschied zu analysieren, zu definieren und auf seinen Ursprung zurückzuführen. Entdeckungen, wie wir sie gemacht haben, einschließlich der Wiederentdeckung des religiösen Bedeutungsgehalts der halluzinogenen Pilze von Mexiko, können der Faszination zugeschrieben werden, die sich für meine Frau und mich aus der kulturellen Verschiedenheit unserer beiden Völker ergab und uns zu der Unterscheidung von ›Mykophilie‹ und ›Mykophobie‹ brachte (Begriffe, die wir für unsere Einstellungen einführten), nach denen wir die indoeuropäischen Völker in zwei Lager einteilen. Wenn diese unsere Hypothese falsch sein sollte, dann doch wohl auf einzigartige Weise, da sie solche ›Früchte‹ getragen hat. Aber sie ist nicht falsch! Dank der enormen Fortschritte in der Erforschung der menschlichen Psyche, die in diesem Jahrhundert gemacht wurden, ist heute allgemein bekannt, daß tiefliegende, früh im Leben erworbene Einstellungen von immenser Wichtigkeit sind. Daraus ergeben sich folgende Überlegungen: Wenn solche Merkmale die Einstellung ganzer Stämme oder Völker anzeigen und über die gesamte aufgezeichnete Geschichte hinweg unverändert geblieben sind – und besonders dann, wenn es bei benachbarten Völkern Merkmalsunterschiede gibt – dann stehen wir einem Phänomen mit weitreichenden kulturellen Implikationen gegenüber, dessen eigentlicher Ursprung nur in den ältesten Quellen der Kulturgeschichte zu finden ist. Unsere Karteien und unsere Korrespondenz nahmen immer mehr an Umfang zu, und schließlich, irgendwann anfangs der vierziger Jahre, setzten wir uns zusammen, Tina und ich, und fragten uns, was wir mit all unseren Daten machen sollten. Wir entschlossen uns, ein Buch zu schreiben, aber unser Beweismaterial enthielt so viele Lücken, daß es noch Jahre dauern sollte, bevor wir etwas zu Papier bringen konnten. Bei unseren damaligen Gesprächen stellten wir fest, daß sich unsere Gedanken in dieselbe Richtung bewegt hatten, doch waren wir zu scheu gewesen, sie auch nur dem anderen gegenüber zur Sprache zu bringen: sie waren allzu phantastisch. Beide hatten wir Einblick gewonnen in eine längst vergangene Zeit, lange bevor unsere Vorfahren die Schrift kannten; eine Zeit, in der jene Vorfahren einen Pilz als Gottheit oder Quasi-Gottheit betrachtet haben mußten. Wir wußten nicht, um was für einen Pilz oder um was für Pilze es sich handelte, und ebensowenig kannten wir den Grund dafür. In den Tagen des Frühmenschen war dessen Welt von religiösen Gefühlen durchwoben, und die unsichtbaren Kräfte hielten ihn in Bann. Unser heiliger ›Pilz‹ mußte wirklich wundersame Eigenschaften besessen haben, er mußte Ehrfurcht und Anbetung, Angst, ja Schrecken hervorgerufen haben. Als jener frühzeitliche Kult neuen Religionen und neuartigen, mit der schriftlichen Kultur aufkommenden Lebensweisen Platz machte, überlebten die vom alten Kult geweckten Emotionen, abgeschnitten von ihren Wurzeln. In einem Gebiet lebten Furcht und Schrecken weiter, entweder vor einem bestimmten Pilz (wie im Fall von *Amanita muscaria*) oder, auf Grund einer Entschärfung des emotionellen Brennpunktes durch Tabuisierung, vor ›Giftpilzen‹ (*›toadstools‹*) im allgemeinen; in einem anderen Gebiet war es aus bisher unbekannten Gründen der Geist der Liebe und Anbetung, der überlebte. Hier mußte die Erklärung des von uns entdeckten Gegensatzes zwischen Mykophobie und Mykophilie liegen. (Übrigens war im Englischen *›toadstool‹* ursprünglich der Artname für *Amanita muscaria*, den Götterpilz, dessen Schönheit seiner Göttlichkeit nicht nachsteht. Durch Tabuisierung verlor *›toadstool‹* seine Spezifität und umfaßt nun die gesamte Klasse der Pilze, die der Mykophobe scheut.)

★

Es war in Mexiko, wo unsere Suche nach einem ›hypothetischen‹ heiligen Pilz erstmals zu einem Ziel führte. Am 19. September 1952 erhielten wir mit der Post zwei Briefe aus Europa: der eine kam von Robert Graves und enthielt einen Ausschnitt aus einer pharmazeutischen Zeitschrift mit Zitaten von Richard Evans Schultes, der wiederum Berichte einer Anzahl spanischer Mönche über einen merkwürdigen Pilzkult unter den Indianern Mittelamerikas erwähnte; der zweite war von Giovanni Mardersteig, unserem Drucker in Verona, der uns seine Skizze eines seltsamen archäologischen Objekts aus Mittelamerika sandte. Es war im Zürcher Rietberg-Museum ausgestellt. Der Gegenstand war aus Stein, etwa 30 Zentimeter hoch, offensichtlich ein Pilz, auf dessen Strunk oder (in der Sprache der Mykologen) Stiel ein strahlendes Wesen eingemeißelt war. Vielleicht hatten wir hier ganz in unserer Reichweite genau den Kult, nach dem wir suchten. Zuvor hatten wir uns entschieden, Amerika und Afrika bei unseren Forschungen auszulassen: die Welt war zu groß, und wir hatten alle Hände voll zu tun mit unseren Untersuchungen in Eurasien. Aber im Nu änderten wir unsere Absichten und die Richtung unserer Studien: wir konzentrierten uns auf Mexiko und Guatemala. Wir hatten einen wilden Pilz als Brennpunkt religiöser Anbetung postuliert – eine phantastische Annahme. Nun war er da, sozusagen vor der Haustür. Jenen ganzen Winter durchstöberten wir die Texte der spanischen Mönche des 16. Jahrhunderts, und welch ungewöhnliche Berichte gaben sie uns! Im Sommer des Jahres 1953 und noch viele Regenzeiten danach flogen wir hinunter nach Mexiko. Dank der großartigen Mitarbeit von jedermann dort gelang uns in der Nacht vom 29. auf den 30. Juni 1955 schließlich der Durchbruch: mein Fotograf und Freund Allan Richardson und ich nahmen mit unseren indianischen

Freunden an einem mitternächtlichen Agapemahl teil, das durch eine Schamanin von außerordentlichem Rang geleitet wurde. Die Teilnahme eines Menschen anderer Rasse an einer solchen »Kommunion« konnte nun erstmals auch ›belegt‹ werden. Es war eine ›seelenerschütternde‹ Erfahrung. Die ›verrückte‹ Vermutung, die wir uns Jahre zuvor zuzuflüstern gewagt hatten, war endlich bestätigt worden. Und nun, beinahe ein Vierteljahrhundert später, sind wir in der Lage, einen anderen Pilz, *Claviceps purpurea*, als Schlüssel zum Geheimnis der Eleusinischen Mysterien anzubieten.

Daß es einen gemeinsamen Nenner zwischen dem mexikanischen Pilzmysterium und dem Mysterium von Eleusis geben könnte, war mir sogleich in den Sinn gekommen. Beide erweckten ein überwältigendes Gefühl der Ehrfurcht, des Wunders. Ich will die Diskussion von Eleusis Professor Ruck überlassen, aber ich möchte einen einzigen antiken Autor zitieren, Aristides den Rhetor, der im 2. Jahrhundert n. Chr. für einen Augenblick den Vorhang lüftete, als er sagte, was der Eingeweihte erfahre, sei ›neu, erstaunlich, der rationalen Erkenntnis unzugänglich‹, um dann fortzufahren: »Eleusis ist ein der ganzen Erde gemeinsames Heiligtum, und von allen göttlichen Dingen, die es unter den Menschen gibt, ist es das ehrfurchtgebietendste und das leuchtendste. An welchem Ort der Erde wurden wunderbarere Botschaften gesungen, und wo erweckten die Dromena größere Gemütsbewegung, *wo gab es größere Rivalität zwischen Sehen und Hören*?« (Hervorhebung von mir.) Und weiter spricht er von den ›unaussprechlichen Visionen‹, die zu empfangen das Vorrecht vieler Generationen glücklicher Männer und Frauen gewesen war.

Diese Beschreibung entspricht Punkt für Punkt der Wirkung des zentralamerikanischen Pilzrituals auf den Eingeweihten, bis hin zur ›Rivalität‹ zwischen Sehen und Hören. Die Gesichte nämlich, die man sieht, nehmen rhythmische Konturen an, und das Singen der Schamanin scheint sichtbare und farbige Gestalt zu erhalten.

Es scheint, daß es bei den Griechen eine Redewendung gab, wonach Pilze die ›Speise der Götter‹, *brōma theon*, waren, und in einem Porphyrios-Zitat werden sie ›Zöglinge der Götter‹, *theotrōphos*, genannt. Die Griechen der klassischen Zeit waren Mykophoben. War nicht der Grund dafür, daß ihre Vorfahren das Gefühl hatten, alle Pilze seien ›durch Affinität‹ von der Aura des einen heiligen Pilzes angesteckt und müßten deshalb von den Sterblichen gemieden werden? Haben wir es nicht mit einem ursprünglichen religiösen Tabu zu tun?

Ich will nicht behaupten, daß allein diese Alkaloide (wo immer sie in der Natur zu finden sind) Visionen und Ekstase hervorrufen. Ganz klar haben offenbar gewisse Dichter und Propheten, aber auch viele Mystiker und Asketen ekstatische Visionen empfangen, die den Ansprüchen der antiken Mysterien genügen und auch der Pilz-Agape von Mexiko entsprechen. Ich behaupte nicht, der Heilige Johannes von Patmos habe Pilze gegessen, um das Buch der Offenbarung zu schreiben. Aber die Abfolge der Bilder in seiner Vision, so klar geschaut und doch eine solche Phantasmagorie, bedeutet für mich, daß er im selben Zustand war, den ein ›Pilz-Rausch‹ hervorruft. Ebensowenig unterstelle ich auch nur für einen Augenblick, William Blake habe ›den Pilz‹ gekannt, als er diesen vielsagenden Text über die Klarheit des ›Sehens‹ verfaßte: »Was sie in der Vision gesehen, beschreiben die Propheten als wirkliche und existierende Menschen, die sie mit ihren imaginativen und unsterblichen Organen sahen; desgleichen die Apostel: je klarer das Organ, um so bestimmter das Objekt. *Ein Geist und eine Vision sind nicht, wie die moderne Philosophie annimmt, ein wolkiger Dunst oder ein Nichts: sie sind geordnet und genauestens artikuliert, mehr als alles, was sterbliche und vergängliche Natur hervorbringen kann. Wer sich seine Vorstellungen nicht in stärkeren und besseren Zügen macht, und in stärkerem und besserem Licht, als sein vergängliches Auge sehen kann, der macht sich überhaupt keine Vorstellungen.*« (Hervorhebungen von mir. Aus *The Writings of William Blake*, hrsg. v. Geoffrey Keynes, vol. III, p. 108). Jemandem, der nicht Blakes Gesichte hatte oder nie den Pilz zu sich nahm, müssen diese Worte rätselhaft vorkommen. Der Vorteil des Pilzes ist, daß er vielen, wenn nicht gar jedermann, diesen Zustand zugänglich macht, ohne die Kasteiungen eines Blake oder eines Johannes erleiden zu müssen. Er erlaubt es, klarer als mit unserem vergänglichen, sterblichen Auge, Blicke über die Horizonte dieses Lebens hinaus zu werfen, rückwärts und vorwärts durch die Zeit zu reisen, andere Ebenen der Existenz zu betreten, ja sogar (wie die Indianer sagen), Gott zu erkennen. Es dürfte kaum überraschen, daß vor allem das Gemüt zutiefst betroffen wird, und man fühlt, wie ein unauflösliches Band alle miteinander verbindet, die an der heiligen Agape teilgenommen haben. Alles, was man während dieser Nacht sieht, hat eine ursprüngliche Qualität: die Landschaft, die Gebäude, die Schnitzereien, die Tiere – sie sehen aus, als seien sie geradewegs aus der Werkstatt des Schöpfers gekommen. Diese Neuheit aller Dinge – es ist, als ob die Welt gerade erst begonnen hätte – überwältigt einen, und man wird verschmelzen mit ihrer Schönheit. Verständlicherweise erscheint einem alles, was geschieht, als beschwert mit Bedeutung, neben der das alltägliche ›Einerlei‹ trivial wirkt. All diese Dinge sieht man mit einer Deutlichkeit, die einen dazu bringt, zu sich selbst zu sagen: ›Nun sehe ich zum ersten Mal, zum ersten Mal kann ich direkt sehen, ohne daß sterbliche Augen dazwischentreten!‹

Platon sagt uns, daß es jenseits dieser vergänglichen und unvollkommenen Welt hienieden eine andere, ideale Welt der Archetypen gibt, in der das ursprüngliche, das wahre, das schöne Urbild der Dinge in Ewigkeit besteht. Dichter und Philosophen haben während Jahrtausenden über diese Auffassung nachgedacht und diskutiert. Mir ist klar, wo Platon seine ›Ideen‹ fand; ebenso klar war es jenen unter seinen Zeitgenossen, die in die Mysterien eingeweiht waren: Platon hatte im Tempel von Eleusis vom Trank genossen und die Nacht im Bann der großen Vision verbracht.

Und die ganze Zeit, während der man solches sieht, singt in Mexiko die Priesterin; nicht laut, aber mit großer Würde. Die Indianer stellen seit jeher nicht gerne innere Gefühle zur Schau – außer bei diesen

Gelegenheiten. Der Gesang ist schön, aber unter dem Einfluß des Pilzes kommt er einem unendlich zart und sanft vor. Es ist, als hörte man ihn mit dem Ohr des Geistes, befreit von allem Unreinen. Man liegt auf einer *petate* oder Matte; vielleicht, wenn man klug war, auf einer Luftmatratze und in einem Schlafsack. Es ist dunkel, denn alle Lichter sind gelöscht worden außer ein paar glühenden Kohlen auf den Steinen am Boden und dem Räucherwerk auf einer Scherbe. Es ist still, denn die strohgedeckte Hütte ist meist ein Stück weit vom Dorf entfernt. In der Dunkelheit und Stille schwebt jene Stimme durch die Hütte; einmal hört man sie aus der Richtung seiner eigenen Füße herkommen, dann direkt beim Ohr, nun wieder aus einiger Entfernung und dann wahrhaftig unter sich, mit einer fremdartigen bauchrednerischen Wirkung. Auch diese Illusion bewirken die Pilze. Jedermann erfährt sie, genau so wie die Eingeborenen von Sibirien, die *Amanita muscaria* gegessen haben und im Bann ihrer Schamanen liegen, während diese ihr erstaunliches Geschick mit bauchrednerischen Trommelschlägen vorführen. In Mexiko hörte ich, wie eine Schamanin auf entsprechende Weise eine höchst komplexe Wirkung erzielte: mit den Händen schlug sie sich auf die Brust, die Schenkel, die Stirn, die Arme, die in je eigenen Resonanzen ertönten; dabei hielt sie einen komplizierten Rhythmus und modulierte die Schläge bis hin zur Synkopierung. Der Körper liegt im Dunkeln, schwer wie Blei, aber der Geist scheint sich hinaufzuschwingen und die Hütte zu verlassen und gedankenschnell zu reisen, wohin er will in Zeit und Raum, begleitet von dem mit scharfen Ausrufen durchzogenen Gesang der Schamanin. Was man sieht und was man hört, erscheint als eins: die Musik nimmt harmonische Umrisse an, die ihren Harmonien sichtbare Form geben, und was man sieht, ist der Modalität der Musik unterworfen – der Musik der Sphären. ›Wo gab es größere Rivalität zwischen Sehen und Hören?‹ Wie treffend ließ sich die rhetorische Frage des alten Griechen auf die mexikanische Erfahrung anwenden! Sämtliche Sinne sind gleichermaßen betroffen: die Zigarette, mit der man von Zeit zu Zeit die Spannung der Nacht ›durchbricht‹, riecht, wie nie zuvor eine Zigarette gerochen hat; ein Glas gewöhnlichen Wassers ist unendlich viel besser als Champagner. An anderer Stelle schrieb ich einmal, die ›pilzberauschte‹ Person schwebe im Raum; ein körperloses Auge, unsichtbar, unstofflich; sehend, aber selber unsichtbar. In Wirklichkeit befinden sich alle fünf Sinne in körperlosem Zustand, alle eingestimmt auf höchste Sensitivität und Bewußtheit, und alle gehen auf seltsamste Art ineinander über, bis man, völlig passiv, zum reinen, unendlich feinen Empfänger von Eindrücken wird.

Während der Körper daliegt, ist die Seele frei, verliert jedes Gefühl für die Zeit; wach wie nie zuvor durchlebt sie eine Ewigkeit in einer Nacht und sieht die Unendlichkeit in einem Sandkorn. Was man gesehen und gehört hat, ist unauslöschlich im Gedächtnis eingeprägt. Endlich weiß man, was das Unsagbare ist, und was Ekstase bedeutet. Ekstase! Der Geist kehrt zu den Ursprüngen dieses Wortes zurück. Für die Griechen bedeutete *ekstasis* den Flug der Seele aus dem Körper.

Ich bin sicher, daß dieses Wort entstand, um die Wirkung des Mysteriums von Eleusis zu beschreiben. Kann man ein besseres Wort als dieses finden, um den Zustand zu benennen, den der Rausch des Pilzes hervorruft? In gewöhnlicher Redeweise, für die vielen, die niemals Ekstase erfahren haben, mag diese etwas Amüsantes sein; aber Ekstase ist nicht amüsant: Die Seele selbst wird gepackt und geschüttelt, bis sie erzittert. Wer wäre denn schon ohne weiteres dazu bereit, sich dem Gefühl reinster Ehrfurcht auszusetzen oder durch jene Tür hin zur göttlichen Gegenwart zu schweben? Diejenigen, die von Ekstase nichts wissen, ›mißbrauchen‹ das Wort, und wir müssen seinen vollen und erschreckenden Sinn wieder erfassen [. . .]

Ich will Ihnen den überwältigenden Eindruck von Ehrfurcht vermitteln, den die heiligen Pilze bei der einheimischen Bevölkerung des mexikanischen Hochlandes hervorrufen. Beim Volk der Mazateken, wo ich sie erstmals zu mir nahm, sind diese besonderen Pilze keine ›Pilze‹: sie stehen für sich allein da. Ein Wort – *thain*^{3} – umfaßt die gesamte Klasse der Pilze, eßbare, ungenießbare und giftige, – die ganze Pilzwelt mit Ausnahme der heiligen Arten. Die heiligen Arten sind unter einem Namen bekannt, der selbst ein Euphemismus für einen anderen, verlorengegangenen Namen ist: sie sind *ˀnti*^{1}*xi*^{3}*tho*^{3}. (Im Mazatekischen muß jede Silbe in einem von vier Tönen oder von einem Ton zu einem anderen gleitend gesprochen werden, wobei ^{1} der höchste Ton ist. Der Anfangslaut ˀ ist ein Kehlkopfverschlußlaut.) Das erste Element, *ˀnti*^{1}, ist ein Diminutiv, der Zuneigung und Respekt ausdrückt.

Das zweite Element, *xi³tho³*, heißt: ›das, was hervorschießt oder hervorspringt‹. Das ganze Wort bedeutet somit: ›die lieben kleinen Dinge, die hervorschießen‹. Aber dieses Wort ist heilig: man hört es nicht auf dem Marktplatz oder an Orten, wo viele Leute zusammen sind. Am besten bringt man das Thema in der Nacht zur Sprache, beim Licht eines Feuers oder einer *vela* (Votivkerze), wenn man mit seinen Gastgebern allein ist. Dann werden sie sich endlos über die Wunder dieser Zauberpilze auslassen. Anstelle dieses euphemistischen Namens werden sie oft noch andere verwenden, – etwa *santitos*, die ›kleinen Heiligen‹, oder dann die ›kleinen Dinge‹ auf Mazatekisch, – Euphemismen höheren Grades. Als wir nach unserem ersten Besuch das mazatekische Gebirge zu Pferd verließen, fragten wir unseren Maultiertreiber Victor Hernández, wie es käme, daß man die heiligen Pilze ›die lieben Kleinen, die hervorschießen‹ nannte. Er hatte die Bergpfade begangen, sein ganzes Leben lang, und er sprach spanisch, aber er konnte weder lesen noch schreiben und nicht einmal die Uhrzeit ablesen. Seine Antwort war atemberaubend in ihrer Aufrichtigkeit und in ihrem Empfinden; sie atmete die Poesie der Religion, und ich zitiere sie Wort für Wort, so wie er sie gab und wie ich sie damals in mein Notizbuch schrieb:

»El honguillo viene por sí mismo, no se sabe de dónde,
como el viento que viene sin saber de dónde ni porqué.«

»Das Schwämmchen kommt von selbst, niemand weiß woher,
wie der Wind, der kommt, wir wissen nicht woher, auch nicht warum.«

Victor bezog sich auf die Genese der heiligen Pilze: sie schießen ohne Samen und Wurzeln hervor, ein Mysterium von Anbeginn. Als wir Aurelio Carreras, den Dorfmetzger in Huautla, fragten, wohin einen die Pilze brächten, sagte er einfach: *Le llevan allí donde dios está,* ›Sie bringen einen dorthin, wo Gott ist‹. Nach Ricardo García González von Rio Santiago ›muß man rein sein, um die Pilze zu essen: sie sind das Blut unseres Herrn, des Ewigen Vaters.‹ *Hay que ser muy limpio, es la sangre de Nuestro Señor Padre Eterno.* Das sind willkürlich ausgewählte spanischsprechende Dorfbewohner. Sie geben der Religion in ihrem reinsten Gehalt Ausdruck, ohne intellektuellen Inhalt. Aristoteles sagte von den Eleusinischen Mysterien genau das gleiche: die Initianden mußten bestimmte Eindrücke und Stimmungen ertragen, fühlen, erfahren. Sie hatten nichts zu lernen.

Als der Mensch sich vor tausenden von Jahren aus seiner tierischen Vergangenheit erhob, gab es ein Stadium in der Entwicklung seines Bewußtseins, wo die Entdeckung eines Pilzes (oder war es eine höhere Pflanze?) mit wundersamen Eigenschaften eine Offenbarung für ihn war, ein wahrer Zündfunke für seine Seele, der Empfindungen von heiliger Scheu und Verehrung in ihm erweckte, zarte und edle Gefühle der Liebe, die sich auf die höchste Ebene erhoben, zu der die Menschheit fähig ist; all diese Gefühle und Tugenden, welche die Menschheit seither als die höchsten Attribute ihrer Art betrachtet. Er ließ ihn sehen, was dieses vergängliche sterbliche Auge nicht sehen kann. Wie recht hatten doch die Griechen, dieses Mysterium, diese Einnahme des Trankes, mit Geheimhaltung und Überwachung zu schützen! Was sich heute, wenn man so will, auf eine bloße Droge zurückführen läßt, auf ein Tryptamin- oder Lysergsäurederivat, war für sie, so möchte ich behaupten, ein gewaltiges Wunder, das ihnen die Inspiration zu Dichtung und Philosophie und Religion gab. [. . .]

Hätten unsere Altertumsforscher die Möglichkeit, dem Ritual in Eleusis beizuwohnen, mit der Priesterin zu sprechen, was würden sie nicht hingeben für diese Gelegenheit? Sie würden sich dem Tempelbezirk nähern, die geheiligte Kammer betreten mit der Verehrung, die den jahrtausendelang von Gelehrten hochgeachteten Texten entspringt. Wie glücklich wären sie, wenn sie eingeladen würden, am Trank teilzuhaben! Nun, diese Riten finden jetzt statt, den Altertumsforschern unbekannt, in entlegenen Behausungen; einfach, strohgedeckt, ohne Fenster, weitab von den ausgetretenen Wegen; hoch oben in den Bergen von Mexiko, in der Stille der Nacht, die nur vom fernen Bellen eines Hundes oder dem Ruf eines Esels durchbrochen wird. Oder vielleicht wird das Mysterium, da wir in der Regenzeit sind, von flutartigen Regenfällen und furchterregenden Donnerschlägen begleitet. Wenn man dann im Bann des Pilzes ist, der Musik zuhört und die Visionen schaut, wird einem eine seelenerschütternde Erfahrung zuteil: man erinnert sich an den Glauben gewisser früher Völker, wonach Pilze, die heiligen Pilze, von Parjanya, dem arischen Gott des Blitzes, auf göttliche Weise in der *Sanften Mutter Erde* gezeugt werden.

Jemand hat die Mykologie als Stiefkind der Wissenschaften bezeichnet. Erhält sie heute nicht eine völlig neue und unerwartete Dimension? Die Religion stand immer im Zentrum der höchsten Fähigkeiten und kulturellen Errungenschaften des Menschen, und deshalb sollte es einen Versuch wert sein, die Aufmerksamkeit unserem bescheidenen Pilz zuzuwenden – welch altehrwürdiger, edler Herkunft kann er sich rühmen!

R. Gordon Wasson

Anmerkungen zum Ersten Kapitel

1 Da das Deutsche keine dem Englischen entsprechende obligatorische sprachliche Zweiteilung der Pilzbezeichnungen kennt, stellt sich für die Übersetzung das von Wasson angesprochene Namenproblem nicht, und ›*mushroom*‹ kann einfach mit ›Pilz‹ übersetzt werden. Der Textzusammenhang erlaubt jeweils auch dieselbe Übersetzung für das etwas technischere und neutralere Wort ›*fungus*‹ (A. d. Ü.).

2 Die deutsche Übersetzung der *Hymne an Demeter* fußt auf der erwähnten Neuübertragung ins Englische, da die bekannten Versionen in Versform von Voßler, Weiher usw. als Belegquellen weniger geeignet wären (A. d. Ü.).

3 Orig. ›*toadstools*‹; vgl. Anm. 1 (A. d. Ü.).

4 Vgl. Anm. 3 (A. d. Ü.).

5 Zur Bedeutung der englischen Wörter s. o. (S. 11) (A. d. Ü.).

ZWEITES KAPITEL. WASSONS FRAGE UND MEINE ANTWORT

Im Juli 1975 war ich bei meinem Freund Gordon Wasson in seinem Haus in Danbury zu Besuch, als er mir auf einmal die Frage stellte, ob der frühe Mensch im alten Griechenland auf eine Methode gestoßen sein könnte, um aus Mutterkorn ein Halluzinogen zu isolieren, das ihm eine mit LSD oder Psilocybin vergleichbare Erfahrung vermittelte. Ich erwiderte, das sei sehr wohl möglich gewesen, und versprach, ihm nach weiteren Überlegungen einen Bericht über unsere gegenwärtigen Kenntnisse zu der Frage zukommen zu lassen, von dem ich bereits vermutete, daß er meine provisorische Ansicht bestätigen würde. Zwei Jahre sind vergangen, und hier ist nun meine Antwort.

Mutterkorn ist der deutsche Name für eine Pilzwucherung, das ›Sklerotium‹ eines Pilzes, den die Mykologen als *Claviceps purpurea* (Fr.) Tul. kennen. Er ist ein Parasit auf Roggen und anderen Getreidearten wie Gerste oder Weizen und ebenfalls auf gewissen Wildgräsern. Andere Arten der Gattung Claviceps, nämlich *C. paspali* Stev. und Hall, *C. nigricans* Tul., *C. glabra* Langdon usw. kommen parasitär auf zahlreichen Arten und Varietäten von Gräsern vor. Das Mutterkorn selbst hat keine gleichbleibende chemische Zusammensetzung: es kommt in ›biologischen‹ oder ›chemischen‹ Rassen vor, die sich untereinander vor allem in der Zusammensetzung ihrer Alkaloidbestandteile unterscheiden. (Die Chemiker definieren ›Alkaloide‹ als stickstoffhaltige alkalische Stubstanzen, welche die pharmakologisch aktiven Prinzipien vieler Pflanzen bilden.) So gibt es in der Schweiz drei Varietäten von Roggenmutterkorn: (a) im Mittelland eine Rasse, die vor allem das Alkaloid Ergotamin enthält, (b) im Wallis eine mit Alkaloiden der Ergotoxingruppe und (c) in Graubünden eine Varietät ohne Alkaloide. Außerdem kennt man in anderen Mutterkornarten, die auf Weizen, Gerste, Hirse, Lolium usw. wachsen, eine große Variationsbreite in der Alkaloidzusammensetzung, die manchmal vom geographischen Standort abhängig ist.

Die weitaus bedeutendste von allen Mutterkornarten ist das Roggenmutterkorn, purpurbraune Auswüchse aus den Ähren des Roggens. Roggenmutterkorn ist in England als *›horned rye‹* (›Gehörnter Roggen‹), *›spiked rye‹* (›Stachelroggen‹), *›spurred rye‹* (›Gespornter Roggen‹) bezeichnet worden; am gebräuchlichsten ist jedoch *ergot of rye*, eine Übersetzung des französischen *ergot de seigle.* Im *Petit Larousse* wird das Wort *ergot* definiert als *›petit ongle pointu derrière le pied du coq‹*, ›kleine spitze Klaue hinter dem Fuß des Hahns‹, aber die Herleitung des französischen Wortes *ergot* ist unsicher. Andere französische Namen sind *blé cornu, seigle ergoté, seigle ivre.* Im Deutschen scheinen mehr Varianten vorzukommen als in anderen Sprachen: ›Mutterkorn‹, ›Rockenmutter‹, ›Afterkorn‹, ›Todtenkorn‹, ›Tollkorn‹ und viele andere. Im deutschen Volksglauben gab es die Vorstellung, daß die Kornmutter (ein Dämon) durch das Feld ging, wenn das Korn im Wind wogte; ihre Kinder waren die Roggenwölfe (Mutterkorn). In unserem Zusammenhang können wir feststellen, daß zwei von diesen Namen, *seigle ivre* (›trunkener Roggen‹) und ›Tollkorn‹ auf eine Kenntnis der psychotropen Wirkungen des Mutterkorns hindeuten. Dieses Volkswissen über die bewußtseinsverändernden Wirkungen des Mutterkorns zeigt eine intime Kenntnis seiner Eigenschaften, zumindest unter Kräuterkundigen, die tief in europäischen Traditionen verwurzelt ist.

Das Roggenmutterkorn hat eine bewegte Geschichte hinter sich. Einstmals ein gefürchtetes Gift, ist es zu einer wahren Schatzkammer wertvoller Arzneimittel geworden.

Im Mittelalter traten in Europa seltsame Epidemien auf, die Tausende von Menschen das Leben kosteten; verursacht wurden sie durch Brot, das aus mutterkornbefallenem Roggen hergestellt worden war. Diese Epidemien nahmen zwei Erscheinungsformen an, *Ergotismus convulsivus*, gekennzeichnet durch Nervenkrämpfe und epilepsieartige Symptome, und *Ergotismus gangraenosus*, bei der gangränöse Erscheinungen, die zur Mumifizierung der Gliedmaßen führten, ein vorherrschendes Merkmal waren. Der Ergotismus war auch als *ignis sacer* (›heiliges Feuer‹) oder ›St. Antonsfeuer‹ bekannt, da der Heilige Antonius der Schutzheilige eines zur Fürsorge für die Opfer des Ergotismus gegründeten geistlichen Ordens war. Die Ursache dieser Epidemien – von Mutterkorn verseuchtes Brot – wurde erst im siebzehnten Jahrhundert bekannt, und seit damals sind nur noch sporadische Ausbrüche von Mutterkornvergiftung vorgekommen.

Als Medikament wurde das Mutterkorn erstmals vom deutschen Arzt Adam Lonitzer im Jahr 1582 erwähnt. Er schrieb, es werde von Hebammen zur Beschleunigung der Geburt verwendet. Der erste wissenschaftliche Bericht über den Gebrauch von Mutterkorn als uterotonisches Mittel wurde 1808 vom amerikanischen Arzt John Stearns vorgelegt: ›Account of the *pulvis parturiens*‹. Doch bereits 1824 empfahl Dr. David Hosack, ebenfalls ein Amerikaner, der die Gefahren des Gebrauchs von Mutterkorn zur Beschleunigung der Geburt erkannte, die Droge sollte nur zur Kontrolle nachgeburtlicher Blutungen eingesetzt werden. Seit dieser Zeit wird das Mutterkorn in der Geburtshilfe hauptsächlich zu diesem Zweck verwendet.[1] (Dieser Dr. Hosack war ein bemerkenswerter Mann. Er war der Leibarzt vieler hervorragender New Yorker seiner Zeit, und er begleitete Alexander Hamilton nach Weehawken heights zu seinem fatalen Duell mit Aaron Burr. Das erfuhr ich aus der bewundernswerten Lebensbeschreibung Hosacks von Christine Robbins.)

Das jüngste und wichtigste Kapitel in der Geschichte des Mutterkorns betrifft seine Rolle als reiche Quelle pharmakologisch nützlicher Alkaloide.[2] Mehr als 30 Alkaloide sind aus dem Mutterkorn isoliert worden, und es ist wahrscheinlich, daß noch viele neue entdeckt werden. Hunderte von chemischen Abwandlungen dieser natürlichen Alkaloide wurden hergestellt und pharmakologisch erforscht. Heute lassen sich alle diese Alkaloide auch durch Vollsynthese gewinnen.

Medizinisch betrachtet, stammen die nützlichsten Alkaloide vom Roggenmutterkorn. Das erste Mutterkornalkaloid, das weite therapeutische Verwendung fand, war das Ergotamin, das 1918 von A. Stoll isoliert worden ist. Es bildet den wesentlichen Bestandteil von pharmazeutischen Präparaten wie ›Cafergot‹ und ›Bellergal‹, die gegen Migräne und nervöse Störungen eingesetzt werden. Wertvolle moderne Mutterkornpräparate sind das von A. Stoll und A. Hofmann in den Laboratorien von Sandoz in Basel entwickelte, hydrierte Ergotoxinalkoloide enthaltene ›Hydergin‹, das bei der Behandlung geriatrischer Störungen verwendet wird; und ›Dihydergot‹ mit Dihydroergotamin als aktivem Bestandteil für die Therapie von Zirkulationsstörungen.

Von besonderer Bedeutung für unser Problem sind die Untersuchungen mit dem Alkaloid Ergonovin, dem spezifisch uterotonischen, wasserlöslichen Prinzip des Mutterkorns. 1932 entdeckten H. W. Dudley und C. Moir in England, daß wasserlösliche Extrakte aus Mutterkorn, die keine der wasserunlöslichen Alkaloide des Ergotamin-Ergotoxin-Typus enthielten, starke uterotonische Aktivität auslösen. Diese Beobachtung führte drei Jahre später zur gleichzeitigen Isolierung des für diese Wirkung verantwortlichen Alkaloids in vier verschiedenen Laboratorien, die es ›Ergometrin‹, ›Ergobasin‹, ›Ergotocin‹ und ›Ergostetrin‹ nannten. Die Internationale Pharmakopöe-Kommission schlug einen Namen zur internationalen Annahme vor, um diese Synonyme zu ersetzen, nämlich ›Ergonovin‹.

1937 stellte ich ausgehend von natürlich vorkommender Lysergsäure Ergonovin her, das in seiner chemischen Zusammensetzung das in Fig. 1 dargestellte Lysergsäurepropanolamid ist. Lysergsäure ist der den meisten Mutterkornalkaloiden gemeinsame Kern. Sie wird aus speziellen Mutterkornkulturen gewonnen und könnte heute auch durch Vollsynthese hergestellt werden, wenn dieses Verfahren nicht zu kostenaufwendig wäre. Ich wandte die für die Synthese von Ergonovin entwickelte Methode bei der Herstellung vieler chemischer Abwandlungen von Ergonovin an. Eines dieser teilsynthetischen Derivate des Ergonovins war Lysergsäurebutanolamid. Es ersetzt heute in der Geburtshilfe unter dem Markennamen ›Methergin‹ weitgehend das Ergonovin zur Stillung nachgeburtlicher Blutungen.

Ein weiteres Lysergsäurederivat, das ich in diesem Zusammenhang isolierte mit dem Ziel, ein Analeptikum (d. h. einen Wirkstoff mit kreislauf- und atmungsstimulierenden Eigenschaften) zu gewinnen, war Lysergsäurediäthylamid (Fig. 1, S. 39). Die pharmakologische Prüfung ergab eine ziemlich starke uterotonische Wirkung dieser Verbindung, fast so stark wie bei Ergonovin. Im Jahr 1943 entdeckte ich in Selbstversuchen die spezifische hohe halluzinogene Wirksamkeit von Lysergsäurediäthylamid, das unter dem Laborcodenamen LSD-25 weltweit bekannt wurde.

Mein Interesse an halluzinogenen Wirkstoffen, das von meiner Arbeit mit LSD im Jahr 1943 herrührte, brachte mich in persönliche Verbindung mit Gordon Wasson, dem Pionier der Ethnomykologie und der

Erforschung des alten mexikanischen Pilzkultes. Von Roger Heim, dem damaligen Chef des ›Laboratoire de Cryptogamie‹ und Direktor des berühmten ›Muséum National d'Histoire Naturelle‹ von Paris, den Wasson eingeladen hatte, seine heiligen Pilze zu studieren und im Feld zu identifizieren, erhielt ich Proben davon zur chemischen Analyse. Mit meinem Laborassistenten Hans Tscherter gelang es mir, die halluzinogenen Grundbestandteile der heiligen mexikanischen Pilze zu isolieren, die ich Psilocybin und Psilocin nannte. Zusammen mit meinen Kollegen von den Sandoz-Forschungslaboratorien konnten wir dann auch die chemische Struktur dieser Substanzen erhellen und ihre Synthese durchführen.

Angeregt durch Gespräche mit meinem Freund Wasson und ermutigt durch unseren Erfolg mit den halluzinogenen Pilzen beschloß ich, auch das Problem einer weiteren psychotropen mexikanischen Pflanze, *Ololiuhqui*, in Angriff zu nehmen. Mit Wassons Hilfe erhielt ich eine große Quantität echter *Ololiuhqui*-Samen von den beiden durch die mittelamerikanischen Indianer verwendeten Windenarten *Turbina corymbosa* (L.) Raf. und *Ipomoea violacea* L. Als wir sie analysierten, kamen wir zu einem unerwarteten Ergebnis: diese uralten Drogen, die wir gerne als ›magisch‹ bezeichnen und die bei den Indianern als göttlich gelten, enthielten als psychoaktive Bestandteile ein paar unserer schon vertrauten Mutterkornalkaloide. Die Hauptbestandteile waren Lysergsäureamid und Lysergsäurehydroxyäthylamid, beides wasserlösliche Alkaloide, die eng mit dem Lysergsäurediäthylamid (LSD) verwandt

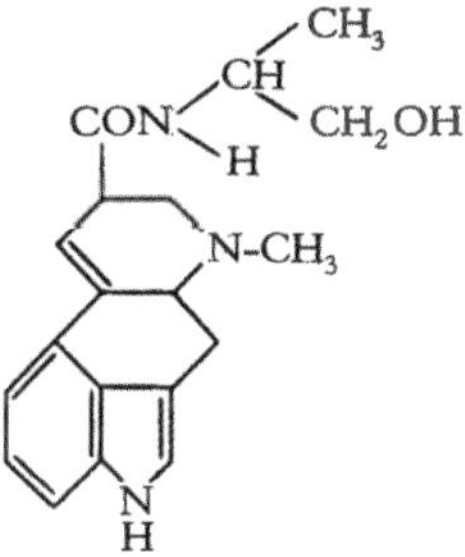

Ergonovin
(Lysergsäurepropanolamid)

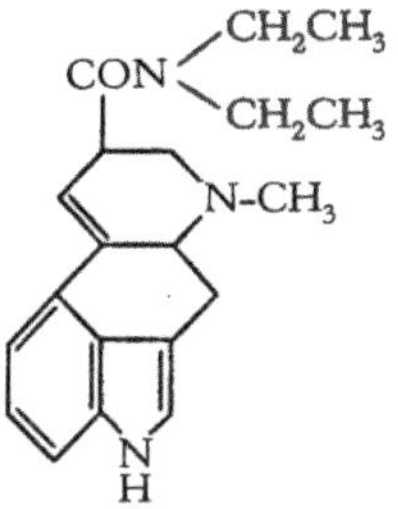

LSD
(Lysergsäurediäthylamid)

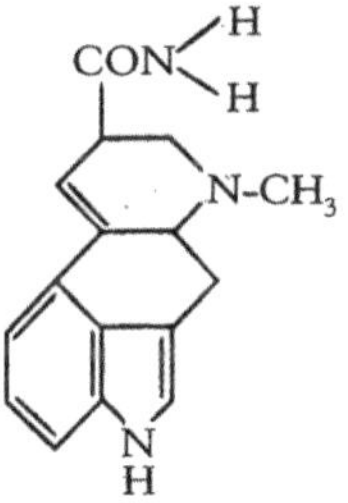

Ergin
(Lysergsäureamid)

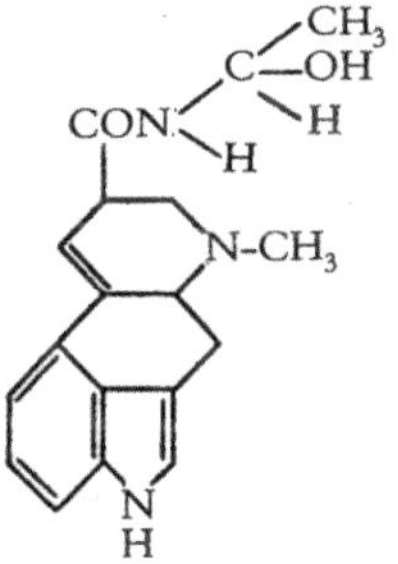

Lysergsäurehydroxyäthylamid

Fig. 1

sind, wie auch der Nicht-Chemiker leicht feststellen kann (Fig. 1). Ein weiterer Bestandteil der *Ololiuhqui*-Alkaloide war Ergonovin, das uterotonische Prinzip des Mutterkorns.

Die psychoaktive Wirksamkeit dieser einfachen, nahe mit LSD verwandten Lysergsäureamide ist erwiesen. Es stellte sich die Frage, ob Ergonovin als alkaloidischer Bestandteil von Mutterkorn, aber auch von *Ololiuhqui*, halluzinogene Eigenschaften besaß. Angesichts seiner chemischen Struktur erschien dies als nicht unwahrscheinlich: es unterscheidet sich nicht stark von LSD. Wenn es halluzinogen sein sollte, fragte sich jedoch, weshalb diese auffallende Tatsache bei seiner jahrzehntelangen Verwendung in der Geburtshilfe nicht bekannt geworden war. Die Erklärung liegt zweifellos an der extrem niedrigen Dosierung von Ergonovin, die zur Unterbindung der nachgeburtlichen Blutungen eingesetzt wird, nämlich 0,1 bis 0,25 mg. Die wirksame Dosis von Lysergsäureamid ist 1 bis 2 mg bei oraler Anwendung. Ich beschloß deshalb, die entsprechende Dosis für Ergonovin in einem Selbstversuch auszuprobieren:

1. April 1976

12.20 h: 2,0 mg Ergonovinhydrogenmaleinat mit einem Gehalt von 1,5 mg Ergonovinbasis in einem Glas Wasser eingenommen.

13.00 h: leichte Übelkeit, gleiche Wirkung, wie ich sie jeweils bei meinen LSD- oder Psilocybinversuchen feststellte. Müde, Bedürfnis zu liegen. Bei geschlossenen Augen farbige Formen.

13.30 h: die Bäume im nahen Wald scheinen zu leben, ihre Äste bewegen sich auf bedrohliche Weise.

14.30 h: starkes Verlangen zu träumen, unfähig zu systematischer Arbeit, bei geschlossenen oder geöffneten Augen von molluskenartigen Formen und Gefühlen geplagt.

16.00 h: Motive und Farben sind klarer geworden,

tragen aber immer noch verborgene Gefahren in sich.

17.00 h: nach einem kurzen Schlaf erwachte ich durch eine Art innerer Explosion aller Sinne.

18.00 h: ein unerwarteter Besuch zwang mich, aktiv zu werden, aber den ganzen Abend lebte ich mehr in einer inneren als in der äußeren Welt.

22.00 h: alle Wirkungen abgeklungen, normales Gefühl.

Dies war ein ohne Beachtung von ›Set und Setting‹, d. h. der richtigen Vorbereitung und entsprechenden Einnahmebedingungen, durchgeführter Versuch, aber er beweist, daß Ergonovin eine psychotrope, stimmungsverändernde, leicht halluzinogene Wirkung zeigt, wenn es in derselben Menge genommen wird, die einer wirksamen Dosis von Lysergsäureamid, dem Hauptbestandteil von Ololiuhqui, entspricht. Seine Wirksamkeit macht etwa ein Zwanzigstel derjenigen von LSD aus und etwa das Fünffache jener von Psilocybin.

Es gibt eine weitere Entdeckung, die von größter Wichtigkeit im Hinblick auf Wassons Frage sein könnte. Die Hauptbestandteile der mexikanischen Windensamen sind (a) Lysergsäureamid (= ›Ergin‹) und (b) Lysergsäurehydroxyäthylamid, und das sind auch die wichtigsten Alkaloide im Mutterkorn, das auf dem Wildgras *Paspalum distichum* L. wächst. Dieses Gras kommt allgemein um das gesamte Mittelmeerbecken herum vor und ist häufig von *Claviceps paspali* befallen. F. Arcamone *et al.*[3] entdeckten 1960 als erste diese Alkaloide im Mutterkorn von *P. distichum*.

Unter den Mutterkornarten, die von den verschiedenen Arten der Gattung *Claviceps* und ihren vielen Wirten, Getreidearten und Wildgräsern hervorgebracht werden, gibt es also Typen, die halluzinogene Alkaloide enthalten; dieselben Alkaloide wie die mexikanischen halluzinogenen Winden. Diese Alkaloide, vor allem Lysergsäureamid, Lysergsäurehydroxyäthylamid und Ergonovin, sind wasserlöslich, im Gegensatz zu den nichthalluzinogenen medizinisch nützlichen Alkaloiden vom Ergotamin- und Ergotoxintypus. Mit den im Altertum zur Verfügung stehenden Techniken und Gerätschaften war es demnach leicht, einen halluzinogenen Auszug aus geeigneten Mutterkornarten herzustellen.

Welche geeigneten Arten von Mutterkorn waren den alten Griechen zugänglich? Roggen wuchs dort nicht, wohl aber Weizen und Gerste, und *Claviceps purpurea* gedeiht auf beiden. Wir analysierten Mutterkorn von Weizen und Gerste in unserem Laboratorium, und es zeigte sich, daß sie grundsätzlich dieselben Alkaloide wie Roggenmutterkorn enthielten, nämlich Alkaloide der Ergotamin- und Ergotoxingruppe, Ergonovin und manchmal auch Spuren von Lysergsäureamid. Wie ich schon sagte, sind Ergonovin und Lysergsäureamid, beides psychoaktive Substanzen, wasserlöslich, während es die anderen Alkaloide nicht sind. Wie wir alle wissen, unterscheidet sich Mutterkorn in seiner chemischen Zusammensetzung je nach seinem Wirtsgras und geographischen Standort. Wir haben keine Möglichkeit zu bestimmen, was die chemische Zusammensetzung des im 2. Jahrtausend v. Chr.

auf der Rarischen Ebene gezogenen Gersten- oder Weizenmutterkorns war. Aber die Vermutung, daß die dort gepflanzte Gerste einem Mutterkorn als Wirt diente, das, vielleicht unter anderen, die löslichen halluzinogenen Alkaloide enthielt, ist sicher nicht abwegig. Die berühmte Rarische Ebene grenzte an Eleusis. Dieser Umstand kann durchaus das Motiv für die Wahl von Eleusis als Standort für den Tempel der Demeter und als Schauplatz der damit verbundenen Mythologie gewesen sein; jenes Komplexes eindrucksvoller Sagen um die Göttin und Triptolemos, die uns noch heute in ihren Bann zu ziehen vermögen.

Die Isolierung der halluzinogenen Wirkstoffe durch einfache Lösung in Wasser lag ohne weiteres im Bereich der Möglichkeiten, die dem Menschen im alten Griechenland offenstanden. Eine noch einfacher durchzuführende Methode hätte darin bestanden, auf eine Mutterkornart wie die auf dem Gras *Paspalum distichum* wachsende zurückzugreifen; eine Art, die ausschließlich halluzinogene Alkaloide enthält und die sogar direkt in Pulverform hätte verwendet werden können. Wie ich schon sagte, wächst *P. distichum* überall im Mittelmeerraum. Ist es nicht denkbar, daß die Hierophanten von Eleusis während den vielen Jahrhunderten, in denen die Eleusinischen Mysterien blühten und die antike griechische Welt in Bann hielten, ihr Wissen und ihre Fähigkeiten weiterentwickelt haben? Für die griechische Welt wie für uns sind die Mysterien mit Demeter und Kore verbunden, und sie und Triptolemos sind die gefeierten mythischen Ahnen der kultivierten Getreidearten Weizen und Gerste. Doch im

Lauf der Zeit könnten die Hierophanten leicht das auf dem Gras *Paspalum distichum* wachsende *Claviceps paspali* entdeckt haben. Hier hatten sie Gelegenheit, ihr Halluzinogen problemlos, unmittelbar und im Reinzustand zu gewinnen. Ich erwähne das allerdings bloß als Möglichkeit oder Wahrscheinlichkeit und nicht, weil wir zur Beantwortung von Wassons Frage auf *P. distichum* angewiesen sind.

Zum Schluß müssen wir noch ein Mutterkorn diskutieren, das parasitär auf einem Wildgras mit der wissenschaftlichen Bezeichnung *Lolium temulentum* L. vorkommt. Im Deutschen ist dieses Getreidesaaten befallende Unkraut bekannt als Taumellolch oder Rauschgras; es ist das ›Unkraut‹ der Bibel.[4] Auf Englisch wird es manchmal *›wild rye grass‹* genannt; eine unglückliche Bezeichnung, da *›wild rye‹* nichts mit *rye* (Roggen) zu tun hat: das *rye* in *›wild rye grass‹* hat eine völlig andere Etymologie (vgl. das deutsche Raigras, d. Ü.). Im klassischen Griechischen war der Taumellolch *aira* und im klassischen Latein *lolium*. Sein französischer Name *ivraie* und die deutschen Bezeichnungen weisen auf einen Glauben an seine psychotrope Wirkung im Volkswissen der traditionellen europäischen Kräuterkundigen hin. Das Wort *ivraie* ist aus dem Jahr 1236 n. Chr. belegt, muß aber bestimmt noch viel älter sein.

Die Analyse von *Lolium temulentum* in meinem Laboratorium und eine ausführliche botanische, chemische und pharmakologische Untersuchung von I. Katz[5] ergaben, daß die Pflanze selbst weder Alkaloide enthält noch irgendwelche pharmakologischen Wirkungen zeigt. Die Loliumarten (*L. temulentum* und *L. perenne*) leiden jedoch unter notorischem Befall durch den Claviceps-Pilz. Der psychotrope Ruf des Rauschgrases muß deshalb dem parasitären Befall durch Mutterkorn zugeschrieben werden. Proben von Mutterkorn, das auf in Deutschland, Frankreich und der Schweiz gesammeltem *L. temulentum* und *L. perenne* wuchs, zeigten eine große Variationsbreite in ihrer Alkaloidzusammensetzung. Einige enthielten beträchtliche Mengen von Ergonovin zusammen mit Alkaloiden der Ergotamin- und Ergotoxingruppe.[6] Im alten Griechenland kann eine auf Rauschgras wachsende Mutterkornart existiert haben, die hauptsächlich halluzinogene Mutterkornalkaloide enthielt, wie wir sie im Paspalummutterkorn gefunden haben.

Abschließend beantworte ich nun Wassons Frage. Die Antwort ist ja, der frühe Mensch im alten Griechenland könnte zu einem Halluzinogen aus Mutterkorn gelangt sein. Er könnte dieses aus Mutterkorn hergestellt haben, das auf Weizen oder Gerste wuchs. Ein einfacherer Weg hätte darin bestanden, das auf dem allgemein verbreiteten Wildgras Paspalum wachsende Mutterkorn zu verwenden. Dieser Schluß ist auf der Annahme begründet, daß die Kräuterkundigen im alten Griechenland ebenso intelligent und erfinderisch waren wie die Kräuterkundigen Mexikos vor der Konquista.

Albert Hofmann

Anmerkungen zum zweiten Kapitel

1 Die Standardmonographie zur Botanik und Geschichte des Mutterkorns ist G. Barger: *Ergot and Ergotism*, Gurney and Jackson, London 1931.

2 Die Resultate der in Laboratorien auf der ganzen Welt durchgeführten chemischen, pharmakologischen und medizinischen Untersuchungen über Mutterkornalkaloide sind dargestellt in der Monographie von A. Hofmann: *Die Mutterkornalkaloide*, F. Enke Verlag, Stuttgart 1964.

3 Arcamone, F., Bonino, C., Chain, E. B., Ferretti, A., Pennella, P., Tonolo, A. und Vero, L.; *Nature* (London) *187*, 238 (1960).

4 Matth. 13, 25-30, 36-40. ›Unkraut‹ (engl. ›*tares*‹) ist dort die Übersetzung von griech. *zizania* (Einzahl: *zizanion*), eines auch in latinisierter Form in der Vulgata verwendeten Wortes mit der spezifischen Bedeutung ›Lolch‹, ›Respe‹, ›Afterweizen‹ (A. d. Ü.).

5 Katz, I.: Contribution à l'étude de l'ivraie enivrante (*Lolium temulentum* L.). Thèse présentée à l'Ecole Polytechnique Fédérale, Zürich 1949.

6 Kobel, H., Sandoz-Forschungslaboratorien, Basel. Persönliche Mitteilung.

DRITTES KAPITEL. DIE LÖSUNG DES ELEUSINISCHEN MYSTERIUMS

Es wird berichtet, ein junger Athener sei einst sehr von der Schönheit einer Kurtisane in einem der Bordelle von Korinth eingenommen gewesen. Seine Bemühungen, ihre Dienste auf eine besondere Art zu belohnen, wurden von der Bordellmutter, die darauf bestand, alle privaten Geschenke zu beschlagnahmen, laufend zunichte gemacht. Um dem Mädchen etwas zu geben, das ihm allein gehören würde, kam er auf den Gedanken, ihm eine immaterielle und damit unveräußerliche Gabe darzubringen: er wollte die Kosten übernehmen für seine Einweihung in die gesegnete Gemeinschaft derer, die dem im Dorf Eleusis durchgeführten geheimen religiösen Ritual beigewohnt hatten. Dieses Erlebnis wurde allgemein als krönende Erfahrung eines Menschenlebens angesehen. Und so durfte sie nach Athen reisen, zusammen mit der Bordellmutter und einem jüngeren Mädchen aus demselben Haus. Für die Zeit, während der sie sich den Vorbereitungsriten unterzogen, brachte sie der Freier alle drei bei einem Freund unter. Der gesamte Zyklus erforderte einen Aufenthalt in Athen von über einem Jahr. Dann endlich wandelten auch sie inmitten der Schar von Tausenden, die jeden Herbst zum ersten und einzigen Mal die Pilgerschaft unternahmen, auf der heiligen Straße, über die schmale Brücke, die man heute noch sehen kann, halb versunken im trüben Wasser des

Sumpfes, der einst Athen vom Gebiet seines etwa 22 Kilometer entfernten Nachbardorfes trennte; einer Gegend, die geheiligt war durch ihre besondere Beziehung zum Reich der dahingeschiedenen Geister, von denen man glaubte, daß sie die Fruchtbarkeit der angrenzenden Kornebene sicherstellten. Die Prozession der Pilger überschritt symbolisch die Grenze zwischen den Welten; es war eine durch Schwierigkeiten geprägte Reise von großer Bedeutung: die Brücke war mit Absicht zu schmal für den Fahrzeugverkehr gebaut, und auf der anderen Seite, bei der Ankunft im Dorf selbst, war es Brauch, daß die Pilger von maskierten Männern, die an der die letzte Schranke bildenden Brücke standen, auf obszöne Weise beschimpft wurden.

Jedes Jahr wandelten neue Kandidaten für die Initiation auf jener Heiligen Straße, Menschen aller Klassen, Herrscher und Prostituierte, Sklaven und Freie; es war eine jährliche Feier, die mehr als anderthalb Jahrtausende bestand, bis die heidnische Religion schließlich dem tiefen Haß und der Konkurrenz einer neueren Sekte erlag, den kürzlich legalisierten Christen im vierten Jahrhundert unserer Zeitrechnung. Neben der Kenntnis der griechischen Sprache war die einzige Bedingung das Bezahlen eines Opferschweins und der Gebühren für die verschiedenen Priester und Führer, was etwas mehr als einen Monatslohn ausmachte, sowie der Kosten für den Aufenthalt in Athen.

Jeder Schritt auf dem Weg erinnerte an einen Aspekt eines alten Mythos, der erzählte, wie die Erdmutter, die Göttin Demeter, ihre einzige Tochter verloren hatte, die Jungfrau Persephone, die beim Blumenpflücken von ihrem Bräutigam, dem Herrn des Todes, geraubt worden war. Die Pilger riefen Iakchos an, während sie einhergingen. Von ihm glaubte man, daß er sie auf ihrem Weg führte: durch ihn riefen sie dann die Königin Persephone ins Reich der Lebenden zurück. Als sie schließlich in Eleusis ankamen, tanzten sie bis tief in die Nacht beim Brunnen, wo ehemals die Mutter um ihre verlorene Persephone geweint hatte. Und während sie zu Ehren dieser beiden heiligen Göttinnen und ihres geheimnisvollen Gatten Dionysos, des Gottes der Rauschmittel, tanzten, schien es, als ob sich Mond und Sterne und die Töchter des Okeanos ihrem Jubel beigesellten. Dann durchschritten sie die Tore in den Festungsmauern, hinter denen, abgeschirmt von profanen Blicken, das große Mysterium von Eleusis stattfand.

Es wurde als Mysterium bezeichnet, weil niemand, unter Androhung der Todesstrafe, enthüllen konnte, was im Inneren des Heiligtums geschah. Meine Kollegen und ich haben uns, geleitet von Hinweisen in zahlreichen Quellen, durch dieses verbotene Tor gewagt.

Die antiken Schriftsteller geben einmütig an, daß im großen *telesterion*, der Initiationshalle im Innern des Heiligtums, etwas zu sehen war. Soviel war zu sagen erlaubt. Die Erfahrung war ein Gesicht, durch das der Pilger zum Sehenden wurde, zum *epoptes*. Die Halle war jedoch, wie man heute anhand archäologischer Überreste rekonstruieren kann, völlig ungeeignet für Theateraufführungen, und auch die epigraphisch erhalten gebliebenen Rechnungsbücher für das Heiligtum führen keinerlei Ausgaben für Schauspieler oder Bühneneinrichtungen auf. Was man dort zu sehen bekam, war kein Spiel von Schauspielern, sondern *phasmata*, geisterhafte Erscheinungen, insbesondere den Geist von Persephone selbst, die mit ihrem im Land der Toten empfangenen neugeborenen Sohn aus der Unterwelt zurückkehrte. Die Griechen waren äußerst bewandert in der Kunst des Theaters, und es ist höchst unwahrscheinlich, daß sie sich durch irgendwelche dramatischen Tricks hinters Licht führen ließen, insbesondere da es so intelligente Leute wie der Dichter Pindar und der Tragiker Sophokles sind, die den überwältigenden Charakter des in Eleusis Gesehenen bezeugen.

Außerdem begleiteten körperliche Symptome die Erfahrung: Furcht und ein Zittern in den Gliedern, Schwindel, Übelkeit und kalter Schweiß. Dann kam die Vision, ein Gesicht in einer Aura von strahlendem Licht, das plötzlich durch die verdunkelte Kammer zuckte. Augen hatten nie zuvor solches gesehen, und abgesehen vom formalen Verbot, das Geschehene zu erzählen, war die Erfahrung selbst nicht mitteilbar, denn es gibt keine Worte, die dem Ansinnen gerecht werden können. Auch ein Dichter konnte nur sagen, er habe den Beginn und das Ende des Lebens gesehen und erkannt, daß sie eins seien, etwas von Gott Gegebenes. Die Trennung zwischen Erde und Himmel zerschmolz zu einer Säule von Licht.

Diese Reaktionen sind nicht symptomatisch für ein Drama oder eine Zeremonie, sondern für eine mystische Vision; und da das Gesicht jedes Jahr ganz pünktlich tausenden von Initianden dargeboten werden konnte, scheint es auf der Hand zu liegen, daß es von einem Halluzinogen hervorgerufen worden sein muß. Wir werden bei dieser Schlußfolgerung durch zwei weitere Beobachtungen bestätigt: wie wir wissen, wurde ein besonderer Trank vor der visuellen Erfahrung eingenommen, und zweitens ist in der klassischen Zeit ein öffentlicher Skandal ausgelöst worden, als man entdeckte, daß zahlreiche aristokratische Athener angefangen hatten, das Mysterium zu Hause mit Gruppen von betrunkenen Gästen bei Abendgesellschaften zu feiern.

Um die Droge von Eleusis zu identifizieren, müssen wir zuerst die dem Mysterium zugrunde liegende Bedeutungsstruktur finden. Der heilige Mythos, der die mit der Gründung des Mysteriums zusammenhängenden Ereignisse berichtet, ist in der sogenannten Homerischen Hymne an Demeter festgehalten, einem anonymen Gedicht, das aus dem siebten Jahrhundert v. Chr. stammt, sieben Jahrhunderte nach dem wahrscheinlichen Zeitpunkt der ersten Durchführung der Zeremonie. Darin wird erzählt, wie die Göttin Persephone von ihrem Bräutigam Hades ins Reich der Toten entführt wurde, als sie beim Blumensammeln mit den Töchtern des Okeanos an einem Ort namens Nysa einen besonderen hundertköpfigen *narkissos* pflückte. Alle griechischen Wörter auf *-issos* sind aus der Sprache der vor der Einwanderung der indoeuropäischen Griechen in Griechenland lebenden Ackerbaukulturen abgeleitet. Die Griechen selbst glaubten allerdings, der *narkissos* verdanke seinen Namen seinen narkotischen Eigenschaften; offensichtlich weil dies die wesentliche Natur oder Symbolik von Persephones Blume war. Die Raubehe oder Gefangennahme* von Mädchen beim Blumenpflücken ist überdies ein geläufiges Thema in griechischen Mythen, und Platon überliefert eine rationalisierte Version solcher Erzählungen, in welcher die Begleiterin des entführten Mädchens Pharmakeia heißt, dem Namen nach also die ›Verwendung von Drogen‹. Was nun den bestimmten Mythos betrifft, den Platon rationalisiert, so ist darin die Abstammung der Priesterschaft von Eleusis dargestellt. Es besteht kein Zweifel daran, daß es sich beim Raub der Persephone um einen drogeninduzierten Anfall handelte.

Dieser Umstand ist von den Altertumsforschern nie beachtet worden, obschon er auf Grund unseres Wissens über die Religionen der vorgriechischen Ackerbauvölker absolut zu erwarten ist. Das Zentrum dieser Religionen war die Fruchtbarkeit der Frau und der Zyklus von Tod und Wiedergeburt in der Pflanzen- und Menschenwelt. Die Frau war die Große Mutter, und die ganze Welt war ihr Kind. Das grundlegende Ereignis in diesen Religionen war die Heilige Hochzeit, durch welche die Priesterin periodisch mit dem Geisterreich im Innern der Erde kommunizierte, um den Neubeginn des Ackerbaujahres und des sich auf der Erde entfaltenden zivilisierten Lebens zu bewirken. Ihr männliches Gegenstück war ein Vegetationsgeist; er war sowohl ihr auf der Erde wachsender Sohn als auch

* Im Original steht »seizure«, was sowohl »Anfall« wie »Ergreifung«, »Inbesitznahme«, »Gefangennahme« bedeuten kann. (A. d. Ü.)

der Gemahl, der sie in die befruchtende andere Welt entführte, wo er sie bei seinem Tod in Besitz nahm. Als sich die umherschweifenden Indoeuropäer in Griechenland niederließen, wurde ihr unsterblicher Vatergott des Himmels, Zeus, an das Muster des sterbenden und wiedergeborenen ›vegetativen‹ Gatten der Großen Mutter angeglichen. Hinweise auf diese Assimilation finden sich in den Überlieferungen zu dem Zeus, der in Kreta geboren wurde und starb. Ferner stellen archäologische Funde aus der minoisch-mykenischen Periode der griechischen Kultur häufig visionäre Erfahrungen von Frauen dar, die an Ritualen beteiligt sind, in welchen Blumen eine Rolle spielen. Die Priesterinnen oder Göttinnen selbst treten als mit Vegetationsmotiven geschmückte Idole auf, in Begleitung von Schlangen oder mit einem Diadem aus Opiumkapseln gekrönt. Weiter enthalten die Mythen über die Gründung der verschiedenen mykenischen Zitadellen erwartungsgemäß immer wieder Variationen über das Thema der Heiligen Hochzeit zwischen dem einwandernden Gründer und der einheimischen Frau in ekstatischen Zusammenhängen. Am interessantesten darunter sind die Zeugnisse über Mykenai (Mykenä) selbst, das gegründet worden sein soll, als die Frau des Ortes wegen eines Mannes aus der neuen Dynastie, der einen Pilz gepflückt hatte, ihren Kopf verlor. Die Etymologie von Mykenai, die in der Antike angenommen worden war, aber wiederholt von modernen Gelehrten zurückgewiesen wurde, ist korrekterweise auf Mykene, die Braut des *mykes*, also des Pilzes, zurückzuführen. Fungoide Manifestationen des vegetativen

Partners bei der Heiligen Hochzeit lassen sich auch in der Symbolik der Gründerväter von anderen mykenischen Siedlungen feststellen; vielleicht weil jene besondere Einwanderungswelle die Kenntnis des wilden, unbezähmbaren Pilzes aus dem Norden nach Griechenland brachte. Im Athen der klassischen Zeit wurde die Heilige Hochzeit noch immer alljährlich von der Gattin des sakralen Staatsoberhauptes zelebriert: im Februar vereinigte sie sich mit dem Gott Dionysos.

Unter dem Namen Dionysos überlebte der als Gatte der Muttergöttin assimilierte Zeus bis in die klassische Periode hinein. Sein Name weist ihn als Zeus von Nysa aus, denn Dios ist eine Form des Wortes Zeus. Nysa war nicht allein der Ort, wo Persephone geraubt wurde; es war der Name für jeden Ort, an dem jene mit der Passion von Geburt und Tod des Dionysos verbundene eheliche Begegnung aufgeführt wurde. Wenn Dionysos seine Anhängerinnen, die Mänaden oder Bacchantinnen, in Besitz nahm, war er synonym mit Hades, dem Herrn des Todes und Bräutigam der Göttin Persephone. Wie Persephone sammelten auch die Mänaden Blumen. Wir wissen das, weil ihr Emblem der *thyrsos* war, ein mit Efeublättern gefüllter Fenchelstengel; derartige hohle Stengel wurden üblicherweise von Kräutersammlern als Behälter für ihre Ernte verwendet, und der Efeu, mit dem die Stengel der Mänaden gefüllt waren, war dem Dionysos heilig und galt als psychotrope Pflanze.

Dionysos konnte seine ekstatischen Bräute jedoch auch vermittels anderer Pflanzen besitzen, denn er lebte als vegetativer Gatte in allerhand Rauschmitteln, darunter offenbar auch in gewissen Pilzen. Deren Stiel wurde in Analogie zum Emblem der Mänaden ebenfalls *thyrsos* genannt, wobei der Pilzhut an die Stelle der psychotropen Kräuter trat. Dionysos selbst wurde vorzeitig im mystischen siebten Monat während eines winterlichen Schneefalls geboren, als sein himmlischer Vater seine irdische Braut Semele in Theben mit einem Blitz schlug; man glaubte, auf dieselbe Weise würden Pilze erzeugt, wo immer der Blitz in die Erde einschlug. Der Vater des Dionysos war, wie bei einer Heiligen Ehe zu erwarten ist, ein anderer Dionysos: Das zur Zeit der Erneuerung der Erde geborene Kind ist nämlich identisch mit dem einverleibten Gatten, der seine Mutter-Braut mit der furchtbaren Unterwelt wiedervereinigt, aus der er immer wieder neu geboren werden muß. Es überrascht deshalb nicht zu erfahren, daß auch Semele Dionysos empfing, als sie einen aus dem Herzen ihres eigenen Sohnes hergestellten Trank zu sich nahm. Wie sein Vater wurde folglich auch Dionysos ›der Donnerer‹ genannt, denn trotz seiner sanften Kindheit und seiner manchmal effeminierten Erscheinung konnte er unversehens die Gewalt seiner vollen Männlichkeit hervorkehren; er trat dann in der Form eines die Erde aufreißenden Stiers auf, der sich wie bei seiner Geburt durch ein Gebrüll ankündigte, das die Gegenwart des *mykes*, des Pilzes, markierende *mykema*. Sein Symbol war der *phallos* selbst, der in einer gebräuchlichen Metapher ebenfalls *mykes* hieß.

Vor allem war Dionysos jedoch mit der Rebe und ihrem fermentierten Saft verbunden. Übrigens wurden die Pilze selbst als Gärung der Erde betrachtet: ein vollkommenes Symbol für die Wiedergeburt aus dem kalten Reich der Fäulnis, der modrig-schimmligen Unterwelt. Einen ähnlichen Prozeß erahnte man in der Schaumentwicklung, die mit der Umwandlung der Trauben in Wein durch den Hefepilz verbunden ist. Im Wein hatte der Gott seine für die Menschen segensreichste Errungenschaft gemacht; hier hatte sich seine unbezähmbare, wilde Natur der Domestikation unterworfen. Er selbst soll als Erster die Eigenschaften dieser aus dem vergossenen Blut der Götter gewachsenen Pflanze entdeckt haben, als er sah, wie eine Schlange ihr Gift aus der Frucht trank; man glaubte nämlich, daß Schlangen ihr Gift aus den von ihnen gefressenen Kräutern bezogen, während sie umgekehrt ihr eigenes Gift auf Pflanzen in der Umgebung übertragen konnten. Dionysos lehrte die Menschen, die gewaltsame Natur dieses Geschenks durch Verdünnen mit Wasser zu bändigen, und in solcher Mischung tranken die Griechen üblicherweise ihre Weine.

Dieser Brauch, den Wein zu verdünnen, verdient unsere Aufmerksamkeit, da die Griechen die Kunst der Destillation nicht kannten, so daß der Alkoholgehalt ihrer Weine nicht mehr als vierzehn Prozent betragen haben kann; dies ist die Konzentration, bei welcher der aus natürlicher Gärung entstehende Alkohol für den ihn produzierenden Pilz tödlich wird, wodurch der Vorgang sein Ende findet. Bloßes Verdampfen ohne Destillation konnte den Alkoholgehalt nicht erhöhen, weil der Alkohol, der einen tieferen Siedepunkt als Wasser besitzt, einfach in die Luft entweicht und ein schwächeres anstatt ein konzentrierteres Produkt hinterläßt. Tatsächlich hat man den Alkohol nie als Toxin des Weins erkannt, und im Altgriechischen gibt es kein Wort dafür. Es ist deshalb zu erwarten, daß das Verdünnen des Weins, normalerweise mit mindestens drei Teilen Wasser, zu einem Getränk mit geringer Rauschwirkung geführt haben dürfte.

Das war aber nicht der Fall. Das Wort für Betrunkenheit bezeichnet im Griechischen einen Zustand rasenden Irrsinns. Wir hören von Weinen, die so stark waren, daß sie mit zwanzig Teilen Wasser verdünnt werden konnten, und die eine mindestens achtfache Verdünnung erforderten, um gefahrlos getrunken werden zu können; es wird nämlich berichtet, daß das Trinken gewisser Weine in reiner Form zu bleibenden Hirnschäden und in einigen Fällen sogar zum Tod führte. Tatsächlich genügten schon drei kleine Becher verdünnten Weines, um den Trinker an die Schwelle des Wahnsinns zu bringen. Offensichtlich kann nicht der Alkohol die Ursache dieser extremen Reaktionen gewesen sein. Wir können auch die Tatsache belegen, daß verschiedene Weine verschiedene physische Symptome von Schläfrigkeit bis zu Schlaflosigkeit und Halluzinationen herbeiführen konnten.

Die Lösung dieses scheinbaren Widerspruchs besteht ganz einfach darin, daß der Wein in der Antike, wie der Wein der meisten Frühvölker, nicht nur Alkohol als einziges Rauschmittel enthielt, sondern gewöhnlich eine variable Infusion pflanzlicher Toxine in einer weinartigen Flüssigkeit war. Salben, Gewürze und Kräuter, alle mit anerkannten psychotropen Wirkungen, konnten bei der Zeremonie der Verdünnung mit

Wasser dem Wein zugefügt werden. Eine Beschreibung einer derartigen Zeremonie kommt in Homers *Odyssee* vor, wo Helena einen besonderen Wein zubereitet, indem sie das euphorisierende *nepenthes* dem Wein zufügt, den sie ihrem Gatten und dessen Gästen vorsetzt. Es ist eine Tatsache, daß die Griechen ein Spektrum von Zutaten für ihre Getränke entwickelt hatten, von denen jede ihre besonderen Eigenschaften besaß.

Der Wein des Dionysos war also das hauptsächliche Medium, durch das die ›klassischen‹ Griechen weiterhin an der alten Ekstase teilhatten, die in all den als Kind der Erde geltenden pflanzlichen Formen enthalten war. Bei geselligen Anlässen wurde das Trinken von einem Leiter geregelt, der bestimmte, welchen Grad von Trunkenheit die Zecher erreichen konnten, indem sie zeremoniell eine abgemessene Anzahl von Runden genossen. Bei sakralen Anlässen war der Wein stärker, und der ausdrückliche Zweck des Trinkens bestand darin, jene tiefere Trunkenheit herbeizuführen, in welcher die Gegenwart der Gottheit fühlbar wurde.

Die berauschenden Kräuter, die bei diesen dionysischen Trinkritualen Verwendung fanden, erforderten magische Prozeduren beim Sammeln. Als Wesen der Wildnis, deren Geister mit denen ihrer jeweiligen Schutztiere verwandt waren, wurden die Pflanzen zum Ziel einer Jagd. Und die ekstatische Verzückung, die sie in religiösen Kontexten hervorrufen konnten, wies sie unweigerlich als sexuelle Kräfte aus.

So ist es nicht verwunderlich, daß die Anhängerinnen des Gottes Dionysos den *thyrsos* als Emblem mit sich trugen, wenn sie die winterlichen Berghänge durchstreiften auf der Suche nach der sogenannten Rebe, die plötzlich mit erdzerreißendem Donner und dem Gebrüll von Stieren im Kreise ihres nächtelangen Tanzes hervorwuchs. Dieses geliebte Kind, der uralte Schlangengatte, war die Beute ihrer Jagd: erst gesäugt, dann wie ein wildes Tier in Stücke gerissen und roh verzehrt. Seine eigenen Mütter machten sich, wie oft gesagt wurde, des Kannibalismus schuldig, indem sie sein Fleisch aßen; denn wie Mütter hatten die Frauen die Droge zur Welt gebracht, geerntet und zusammengemischt mit Hilfe der sogenannten Ammen des Gottes, in deren liebender Obhut er zum Erwachsenen heranwuchs, um sie schließlich als Bräute zu besitzen. Solche Zeremonien stellten die heilige Hochzeit der Stadtfrauen dar, die dadurch die düstere Verbindung mit dem Herrn der Unterwelt eingingen, von dessen Reich das Gedeihen aller Fruchtbarkeit der Pflanzen und Menschen dieser Welt abhängig war.

Der Raub der Persephone zu Nysa war das Urbild jener ehelichen Verbindung zwischen den verschiedenen Reichen; die Urerfahrung des Todes. Im Monat Februar, den man die Zeit der Blumen nannte, machten die Kandidaten für die kommende Einweihung von Eleusis in einem Jagdgebiet namens Agrai durch die rituelle Nachahmung dieser dionysischen Ereignisse gewissermaßen die Erfahrung von Persephones Tod. Diese Zeremonie wurde als Kleines Mysterium bezeichnet und galt als Voraussetzung für die Vision des Großen Mysteriums, das zur Zeit der Herbstsaat im September stattfand.

Das Große Mysterium bildete die Ergänzung zum Kleinen, denn sein Zentrum war nicht der Tod, sondern die Erlösung, die triumphale Rückkehr der Persephone aus dem Hades mit dem kleinen Sohn, der Frucht ihrer Verbindung mit dem Geisterreich. Die Homerische Hymne erzählt nach dem Bericht über Persephones tödliche Hochzeit weiter, wie Demeter dazu kam, das Große Mysterium zu stiften. In ihrer Trauer um die verlorene Tochter ging sie nach Eleusis. Ihre Reise ist Gegenstück und Abbild von Persephones Eintritt in die Burg des Hades, denn Eleusis war ein Abbild der anderen Welt, wo auch Demeter die düstere chthonische Phase ihres Frauenlebens erfahren sollte; nicht als heilige Königin des Todesherrn, sondern als Hexe und Amme in seinem Haus. Sobald nämlich Persephone ihrer Jungfräulichkeit entwächst, muß die Mutter den Platz räumen, ihre bisherige Rolle aufgeben und zum dritten Lebensabschnitt der Frau weiterschreiten; zu der Phase, in der ihr alternder Leib sie erneut in die Nähe der Todesmächte bringt. Diese chthonischen, das heißt zur Erde hin orientierten Phasen im Leben der Frau wurden durch die Göttin Hekate symbolisiert, deren dreigestaltiger Körper die Totalität der Frau als Braut, Gattin und bejahrte Amme im Reich des Hades ausdrückte.

In Eleusis versucht Demeter anfänglich ihren Schmerz zu lindern, indem sie die Wirklichkeit der Welt des Todes negiert, an die sie ihre Tochter verloren hat. Das geschieht, indem sie den Königssohn mit Unsterblichkeit nährt. Doch seine Mutter ist nicht einverstanden, denn sie kann ein System, das unweigerlich den Sohn ebenso unwiderruflich vom Reich seiner Mutter entfernen würde wie Persephone von Demeter, weder begreifen noch akzeptieren.

Demeter sucht eine andere Lösung, dieses Mal eine Ewigkeit des Todes, in welcher sie und die Jungfrau für immer in ihrem chthonischen Stadium verharren würden. Sie bewirkt eine Epidemie der Unfruchtbarkeit, so daß kein Leben aus der Erde erwachsen kann. Diese Lösung läßt jedoch keine Rolle für die unsterblichen Himmelsgottheiten übrig, deren delikates Gleichgewicht zu den Kräften der Erde von der fortwährenden Anbetung durch die sterblichen Menschen abhängig ist, die mit ihnen die Früchte des Lebens teilen.

Die endgültige Lösung besteht darin, das Universum, in das nun der Tod eingedrungen ist, zu heilen, indem auch die Möglichkeit einer Rückkehr ins Leben zugelassen wird. Wiedergeburt vom Tod war das Geheimnis von Eleusis. Im Hades nimmt Persephone wie die Erde selbst Samen in ihren Körper auf und kommt dadurch mit ihrem neuen Sohn ewig zu ihrer ekstatischen Mutter zurück, nur um ebenso ewig in der befruchtenden Umarmung dieses Sohnes zu sterben. Das Zeichen der Erlösung war eine Gerstenähre, das auferstandene Korn, das nach dem Mysterium wiederum der kalten Erde anvertraut wurde, wenn man das an Eleusis grenzende heilige Gefilde bestellte.

Dies war die definitive Vermittlung, die ein zweiter Königssohn in der Burg von Eleusis von Demeter lernte. Sein Name war Triptolemos, der dreifache Krieger, und er wurde zum Apostel des neuen Glaubens, der mit seinem Schlangenwagen die ganze Welt bereiste, um das Evangelium des Kornanbaus zu verkünden. Seine genaue Identität gehörte zum Geheimnis des Mysteriums; die verschiedenen Überlieferungen zu seiner Abstammung legen nämlich nahe, daß die Eingeweihten erfuhren, er sei eigentlich wie sein Emblem, das Korn, der Sohn der dreifaltigen Frauen gewesen, der Königinnen im Haus des Todesherrn. Er war also eine andere Form von Dionysos, der in ähnlicher Weise ebenfalls ein Apostel war und mit derselben Art von Gefährt seine Reise unternahm, um die Menschen den Anbau der Rebe zu lehren. Das Muster, das in diesen Eleusinischen Apostolaten sichtbar wird, bedeutet ganz klar den Übergang vom pflanzlichen Wildwuchs zu den Künsten des Anbaus, auf denen das zivilisierte Leben beruhen muß.

In den diversen mythischen Überlieferungen von Eleusis symbolisieren verschiedene weitere männliche Figuren eine ähnliche Verwandlung des Todes mit seinen rasenden Schrecken in den betörend schönen Jüngling, der als Bürge für die kommende Erlösung aus dem Reich des Hades geboren wird. In einer dieser Überlieferungen ist er Iakchos (Iacchus), der fröhliche Dionysier, der die Initianden ihrer rettenden Vision entgegenführte; in einer anderen Eubuleus, die würdige Personifizierung des kosmischen Plans, dem gemäß die himmlischen Unsterblichen mit den Mächten des Todes zusammenarbeiteten, um der Menschheit die ihr geziemende Rolle zuzuweisen; in einer dritten war er Zagreus, der rätselhafte Jagdkumpan seiner ekstatischen Bräute. Die vierte und vollkommenste dieser wechselnden Gestalten war Plutos, die Personifikation des aus der Fruchtbarkeit von Mensch und Acker stammenden Reichtums. Der Eingeweihte durfte erwarten, daß dieser wohltätige Repräsentant des Todes ihm später freundschaftlich verbunden und ständiger Gast in seinem Haus sein würde. Dieser Plutos war ursprünglich der pflanzliche Sohn von Demeter in ihrer Frühzeit, als sie noch die Große Mutter auf Kreta war, wo sie ihn auf einem dreimal gepflügten Acker in der Vereinigung mit ihrem berauschenden Geliebten Iasion empfing, dessen Name ›der Mann der Droge‹ bedeutet.

Doch Triptolemos war die höchste der Verwandlungen, Demeters besondere Antwort auf das Problem des Todes. Seine heilige Gerste, feierlich auf der Rarischen Ebene angebaut und auf seiner Tenne gedroschen, war die wichtigste Zutat in dem von den Initianden vor der krönenden Vision eingenommenen Trank. Die Formel dieses Tranks ist in der Homerischen Hymne festgehalten. Neben der Gerste enthielt er Wasser und eine duftende Minze namens *blechon*. Anfänglich erschien es am wahrscheinlichsten, daß die Minze den psychoaktiven Bestandteil des Trankes bildete, doch spricht alles, was wir über diese besondere Minze wissen, dagegen: Weder war sie genügend psychotrop, um ihre profane Verwendung zu einer Gefahr zu machen, noch genoß sie die einer geheimen Droge angemessene Verehrung. Sie wurde vielmehr offen als Zeichen der unstatthaften Vereinigung von Mann und Frau in lustvollem Beischlaf ohne das Sakrament der Ehe verachtet. Einer derartigen unheiligen Entführung war Demeters Tochter in Nysa zum Opfer gefallen, und in der

Folge erfahren wir denn auch, wie die Mutter ihrem Mißfallen Luft machte, indem sie die Konkubine des Hades in eine Minze verwandelte, um anschließend ihren pflanzlichen Leib zu zerquetschen und zu zermalmen. Demgegenüber wird die definitive Eleusinische Lösung die Mutter mit dem Verlust der Tochter aussöhnen, indem die Raubehe durch den Hochzeitsritus legitimiert wird, wodurch ein Erbe die Nachfolge im Herrscherhaus antreten kann. Gerste und nicht Minze ist die Offenbarung in Eleusis, und in ihr müssen wir die heilige Droge suchen.

Mit dem Anbau von Getreide hatte der Mensch seine wilde, nomadische Lebensweise aufgegeben und sich in Städten niedergelassen; er gab der Erde seine Gaben, um ihre Frucht zu erhalten. Alle zivilisierten Institutionen stammten von dieser delikaten Übereinkunft mit den dunklen, kalten Mächten des Todes her. Das Getreide selbst wurde als sorgfältig aus primitiveren Gräsern entwickelte Kreuzung angesehen. Wenn man es nicht mit angemessener Fürsorge behandelte, drohte es, sich in seine wertlose, ungenießbare Urform zurückzubilden. Als jener primitive Verwandte des Getreides galt die Pflanze, die im Griechischen *aira* heißt, *Lolium temulentum* in der botanischen Nomenklatur und im Deutschen Taumellolch oder Rauschgras; biblisch ›Unkraut‹. Dieses Unkraut ist allgemein von einem Pilz befallen, *Claviceps purpurea*, Mutterkorn oder Rost, einem rötlichen Schmarotzergewächs, für das die Gerste als besonders anfällig galt. *Aira* war somit der kultivierten Nahrungspflanze zweifach gefährlich; zum einen als wiederaufkommendes Urgras und zum anderen als Träger der um sich greifenden Mutterkorninfektion. Die Neigung des befallenen Getreides zu Rückfälligkeit war zudem klar ersichtlich; wenn nämlich die Sklerotien auf die Erde fielen, wuchs aus ihnen kein Korn, sondern winzige purpurne Pilze, die Fruchtkörper des Mutterkornpilzes: Ein deutlicher Rückfall in die Art des unverbesserlichen, wilden dionysischen Entführers.

Im Unterschied zu den samenlosen Pilzen sah man jedoch offenbar das Mutterkorn als zur Verwandtschaft seiner Wirte, der Getreidekörner gehörig an. Wie das Getreide war es deshalb auch eine Pflanze der Demeter, die seine charakteristische Farbe als Kleid oder an den Füßen trug und mit seiner Bezeichnung Erysibe benannt werden konnte. Die halluzinogenen Eigenschaften von Claviceps waren im Altertum bekannt, und somit können wir vermuten, daß die parallelen Apostolate von Gerste und Rebe analoge Verwandlungen darstellten, durch die sich die chthonischen Geister der Kultivierung unterwarfen. Der Wein war jedoch Dionysos' Reich: Die Flüssigkeit, die todesartigen Schlaf und Vergessen brachte, während Demeter die Erde war, ausgedörrt von der Ernte, die dem Menschen die Nahrung zum Leben gab. Getreide war ihr Sakrament. Als sie erstmals nach Eleusis gekommen war, hatte Demeter den Weinbecher verschmäht, und die Initianden folgten hinfort ihrer Enthaltung aus Achtung vor der höheren Symbolik des Gerstentranks.

Die Wahrscheinlichkeit spricht klar dafür, daß Gerstenmutterkorn der psychotrope Bestandteil des Eleusinischen Tranks war. Seine scheinbare symbiotische

Beziehung zur Gerste war ein passendes Sinnbild für die Enteignung und Wandlung des dionysischen Geistes, dem das Getreide, die Tochter Demeters, in der ehelichen Umarmung mit der Erde anheimgefallen war. Zudem wurden Getreide und Mutterkorn in einer bisexuellen Verbindung als Geschwister miteinander vereinigt, einer Verbindung, die im Augenblick des Raubes der Jungfrau bereits die Möglichkeit ihrer Rückkehr und der Geburt des in ihrem Körper entstehenden phallischen Sohnes in sich trug. Ein ähnlicher Hermaphroditismus erscheint in den mythischen Überlieferungen von der phantastisch fruchtbaren Frau, deren obszöne Witze Demeter vor der Einnahme des Trankes in ihrem Schmerz aufgeheitert haben sollen.

Diese Lösung des Mysteriums von Eleusis erhält noch größere Wahrscheinlichkeit durch ein Papyrusfragment, auf das mich unser Übersetzer der Homerischen Hymne aufmerksam machte. Das Fragment bewahrt einen Teil der *Demes*, einer kurz nach dem Skandal der Profanierung des Mysteriums im fünften Jahrhundert v. Chr. von Eupolis verfaßten Komödie. Es bestätigt, daß die Profanierung tatsächlich im Trinken des heiligen *kykeon* bestand, und legt nahe, daß unsere Identifikation der darin enthaltenen Droge korrekt ist. In der Komödie erklärt ein Informant einem Richter, wie er jemanden offensichtlich bei der Einnahme des Tranks überraschte, da sich noch Gerstengrütze an seinem Schnurrbart befand. Der Angeklagte hatte den Informanten zu der Aussage bestochen, daß es einfach nur Brei und nicht der Trank gewesen sei, was er zu sich genommen habe. Durch ein mögliches Wortspiel deutet der Komödiant vielleicht sogar an, die belastenden ›Gerstenkrumen‹ seien ›Gerstenpurpur‹ gewesen.

Wir sind nun soweit, daß wir den Eintritt durch die verbotenen Tore wagen und die Szene in der großen Einweihungshalle von Eleusis rekonstruieren können. Die Zubereitung des Tranks war das zentrale Ereignis. In einer prunkvollen Zeremonie brachte der Hierophant, der Priester, dessen Abstammung bis zur ersten Durchführung des Mysteriums zurückreichte, die Mutterkornsklerotien aus dem freistehenden Raum, der im Inneren des *telesterion* auf den Überresten des ursprünglichen Tempels aus der mykenischen Zeit errichtet worden war. Er begleitete seine Ritualhandlungen mit alten Gesängen in Falsettstimme, denn seine Rolle im Mysterium war eine asexuelle: die eines Mannes, der sein Geschlecht der Großen Göttin zum Opfer gebracht hatte. Er übergab das Getreide in Kelchen den Priesterinnen, die darauf durch die Halle tanzten und dabei die Gefäße und Lampen auf dem Kopf balancierten. Als nächstes wurde das Korn in Urnen mit Minze und Wasser vermischt; dann schöpfte man den heiligen Trank in die besonderen Becher, aus denen die Kandidaten ihren Anteil zu trinken hatten. Zum Schluß verkündeten alle ihre Bereitschaft, indem sie singend zum Ausdruck brachten, daß sie den Trank getrunken und die heiligen Gegenstände angefaßt hatten, die mit ihnen in verschlossenen Körben auf dem Heiligen Weg gekommen waren. Dann warteten sie, auf den Stufen entlang den Wänden der fensterlosen Halle sitzend, im

Dunkeln. Der Trank brachte sie nach und nach in Ekstase. Man muß daran denken, daß dieser Trank – ein Halluzinogen – bei richtiger Vorbereitung (›set‹) und richtigen Einnahmebedingungen (›setting‹) Veränderungen in der akustischen Wahrnehmung bewirkt und erstaunliche bauchrednerische Wirkungen auslöst. Wir können uns darauf verlassen, daß die Hierophanten auf Grund der Erfahrung von Generationen mit allen diesbezüglichen Geheimnissen vertraut waren. Ich bin sicher, daß es Musik gab, wahrscheinlich sowohl vokale wie instrumentale, nicht laut, aber mit würdiger Bestimmtheit; von hier und dort herkommend, einmal aus den Tiefen der Erde, ein andermal von draußen, dann wieder ein bloßes Flüstern, das ans Ohr drang, huschte sie auf unerklärliche Weise von einem Ort zum anderen. Es ist gut möglich, daß die Hierophanten die Kunst des bewußten Spiels mit verschiedenen Gerüchen beherrschten, und bestimmt steuerte die Musik auf ein erwartungsvolles Crescendo hin, bis auf einmal die Tore der inneren Kammer aufflogen und Lichtgeister in den Raum strömten; gedämpfte, nicht blendende Lichter, nehme ich an, und unter ihnen war der Geist der Persephone, die mit ihrem neugeborenen Sohn direkt aus dem Hades zurückkam. Sie erschien im selben Augenblick, da der Hierophant seine Stimme erhob und in altem, den Mysterien vorbehaltenem Versmaß verkündete: ›Die Schreckliche Königin hat ihren Sohn, den Schrecklichen, zur Welt gebracht‹. Diese göttliche Geburt des Herrn der Unterwelt war vom tosenden Gedröhn eines gongartigen Instruments begleitet, das in den Ohren des ekstatischen Publikums aus den Eingeweiden der Erde kam und den mächtigsten Donnerschlag noch übertraf.

In der Endzeit des Mysteriums glaubten einige christliche Bischöfe, sie hätten das Geheimnis von Eleusis entdeckt und könnten es enthüllen; einer von ihnen behauptete, in diesem heidnischen Ritual sei eine Gerstenähre materialisiert worden. Wie wahr angesichts seiner begrenzten Einsichten, und doch wie völlig falsch! Während nahezu 2000 Jahren durchschritt alljährlich eine Anzahl Griechen die Portale von Eleusis. Dort feierten sie das göttliche Geschenk des Getreideanbaus an die Menschheit und wurden in die furchtbaren Mächte der Unterwelt eingeweiht durch das purpurne Dunkel, in das sie durch die Einnahme des heiligen Trankes gelangten. Die Mythen von Demeter und Persephone und ihrer ganzen Entourage bestätigen unsere Erklärung in jeder Hinsicht. Keiner enthält irgend etwas, das mit unserer These unvereinbar wäre.

Bis gestern wußten wir von Eleusis nur das wenige, was uns einige der Eingeweihten berichteten, doch der Zauber ihrer Worte hatte Generationen der Menschheit in Bann gehalten. Nun dürfen wir uns dem Bund der alten Eingeweihten in bleibender Freundschaft anschließen; einer Freundschaft auf Grund der gemeinsamen Erfahrung einer weit tieferen Wirklichkeit als alles, was wir bisher gekannt haben.

Carl A. P. Ruck

VIERTES KAPITEL. ERGÄNZENDE DATEN

Vor einem halben Jahrhundert zögerte ein Gräzist nicht, die Verehrung der Demeter in Eleusis als ›trivial und absurd‹ zu disqualifizieren, wobei er ergänzte: ›Doch besteht kein Zweifel, daß sie viel zur Befriedigung der emotionalen Seite der religiösen Instinkte der Griechen beitrug. Ihr modernes Gegenstück ist vielleicht die Heilsarmee.‹ Wir sind überzeugt, daß unsere eigenen Vergleiche weniger seltsam sein werden. Heute wissen wir wieder von der halluzinogenen Erfahrung; außerdem gibt uns die interdisziplinäre Zusammenarbeit Zugang zu Kenntnissen, die andernfalls leicht dem Zugriff des Einzelwissenschaftlers entgehen. Unser gemeinsames Projekt zeitigte eine radikale Antwort auf unser Problem: es setzt den Rahmen für eine weitgehende Neueinschätzung herkömmlicher Ansichten über die klassischen Griechen und ihre Tragödienliteratur zum Preis des Gottes Dionysos.

Die antiken Zeugnisse zu Eleusis sind einhellig und unzweideutig. Eleusis galt als die höchste Erfahrung im Leben eines Eingeweihten. Die Erfahrung war gleichzeitig körperlich und mystisch: Zittern, Schwindel, kalter Schweiß und dann ein Anblick, der alles bisherige Sehen wie Blindheit erscheinen ließ, ein Gefühl von Ehrfurcht und Staunen über eine Pracht, die tiefes Schweigen bewirkte, weil das eben Gesehene und Gefühlte niemals mitgeteilt werden konnte: Worte werden der Aufgabe nicht gerecht. Dies sind die unverkennbaren Symptome der von einem Halluzinogen herbeigeführten Erfahrung. Um zu diesem Schluß zu kommen, müssen wir nur zeigen, daß die rational denkenden Griechen, und zwar einige der berühmtesten und intelligentesten unter ihnen, zu solch irrationalen Erfahrungen fähig waren und völlig darin aufgehen konnten.

Eleusis war nicht mit einer geselligen Zecherei unter Freunden bei einem *symposion* zu vergleichen oder den *komos*-Gelagen anläßlich der Theaterfestspiele. Eleusis war etwas, für das sogar die mänadische Ekstase der Bergfrauen bloß ein Stadium der Vorbereitung war. Auf unterschiedliche Weise stellten auch andere griechische Kulte Aspekte der uralten Gemeinschaft von Göttern und Menschen, von Lebenden und Toten dar, doch allein in Eleusis erhielt die Erfahrung ihre überwältigende Endgültigkeit: Hier allein wurde der große Plan erfüllt durch die Auferstehung der Jungfrau mit ihrem im Tod empfangenen Sohn und durch die Gerstenähre, die wie sie aus einem Keim in der Erde hervorgegangen war. Diese Auferstehung bestätigte das Fortbestehen von allem, was einem Griechen lieb und teuer war; der zivilisierten Lebensform, die über die Verfassung der einzelnen Städte hinaus das griechische Erbe bildete und sich aus der ursprünglichen Primitivität entwickelt hatte, auf dieselbe Weise wie alles Leben der gütlichen Übereinkunft mit dem Herrn des Todes entstammte. Wir haben hier einen vollentwickelten Mythos vor uns, voller Widersprüche wie alle Mythen aus schriftlosen Zeiten; einen Mythos, der den Griechen Beginn und Ende der Dinge erklärte.

Monate des Lernens und der Rituale gingen der Offenbarung der Mysteriennacht voraus; jede Handlung programmierte in feinerem Detail Bedeutung und Inhalt, sämtliche Einzelheiten der bevorstehenden Vision. Endlich saßen die Initianden auf den Stufen in der Einweihungshalle. Nun war alles vollbracht außer dem Finale. Sie hatten die geheime Fassung des heiligen Mythos erfahren, sie hatten im Meer gebadet, sich der verschiedenen tabuisierten Speisen und Getränke enthalten, ein Ferkel geopfert, die lange Wanderung über den Heiligen Weg von Athen her hinter sich gebracht und vor ihrer Ankunft in der Stadt der Eleusinischen Gastgeber den gefährlichen Übergang über das Grenzwasser gemeistert. Vor den Mauern des Heiligtums fand der nachtlange Tanz beim Jungfrauenbrunnen statt, auf demselben Grund, den einst die Göttin betreten hatte. Dann kam das Fasten und der folgenschwere Eintritt in das verbotene Territorium, an der Höhle vorbei, die ein Eingang zum Hades war, und am Stein, auf dem Demeter trauernd gesessen hatte. In der Einweihungshalle gab es einen letzten zeremoniellen Tanz der Priesterinnen mit dem Kelch voll Gerste auf dem Kopf, während sie den heiligen Trank mischten und austeilten: die duftende *blechon*, das verachtete, mit der unstatthaften Natur der Entführung assoziierte Kraut, eingelegt in Wasser, dem ein bißchen Mehl aus auf der Rarischen Ebene angebauter Gerste zugesetzt wurde. Der Nutzen der Gerste als Nahrung der Menschheit hing davon ab, ob die Ausbreitung der rötlichen Wucherung in Schach gehalten wurde, die den Rückschlag in die wertlose Urform, das rostbefallene Unkraut, bewirken konnte. Wie die *blechon* setzte man also auch das Unkraut zur Primitivität in Beziehung, zu den Lebensformen der Zeit, bevor die gesellschaftlichen Institutionen den Menschen auf eine höhere Existenzstufe hoben. Von diesen beiden Pflanzen tranken die Initianden, dann hielten sie ein und harrten der Erlösung, während der Hierophant die alten Worte sang. Auf einmal wurde Licht, und die Grenzen dieser Welt brachen auseinander; man konnte die Gegenwart geistiger Wesenheiten fühlen, und die Halle war vom glühenden Mysterium durchflutet.

Von Anfang bis Ende wurde hier ein heiliges Drama inszeniert, in dem sowohl die Initianden wie die Offizianten ihre Rolle zu spielen hatten, bis sie schließlich selbst das Unsagbare erfahren durften, das für immer Unaussprechliche, das blitzartig all ihre Sinne und Gefühle durchzuckte.

Während die Initianden die langandauernden Prozeduren durchliefen, wurde ihnen manches Geheimnis enthüllt, doch das Geheimnis der Geheimnisse dürften ihnen die Hierophanten wohl vorenthalten haben: Seinen Gehalt an Ergin und Ergonovin, wie wir sie heute nennen, hatte das heilige Wasser des Trankes bereits in der richtigen Dosierung aus dem eingeweichten Mutterkorn aufgenommen. Aber im Lauf der Jahrhunderte suchten die Hierophanten sicherlich nach Möglichkeiten, um ihre Technik und ihre Formeln zu verbessern. Könnten sie nicht irgendwann in diesen zwei Jahrtausenden eine Mutterkornart entdeckt haben, die ausschließlich die halluzinogenen Alkaloide enthält, wie man sie in der heutigen Zeit im Mutterkorn von

Paspalum distichum gefunden hat? Es ist freilich auch denkbar, daß Kräuterkundige außerhalb der Hierophantenfamilien an dieser Entdeckung Anteil hatten, und vielleicht waren es ihre Kenntnisse, die zur Profanierungswelle im Jahr 415 v. Chr. führten. Die genaue Geschichte dieser Ereignisse werden wir nie erfahren; daran, daß sie stattgefunden haben, kann jedoch kein Zweifel bestehen.

In schriftlosen Kulturen bestand das Wissen des Kräuterkundigen – das Wissen von den Eigenschaften der Pflanzen und ihrer Verwendung – überall aus einem Schatz geheimer Lehren, die mündlich von einem Kräuterkundigen an seinen Lehrling und manchmal auch an einen anderen Kräuterkundigen überliefert wurden. Die Lehrzeit dauerte Jahre, bis man selbständig zu praktizieren begann, und man lernte nie aus. Da gab es Probleme der Dosierung, der Nebenwirkungen, der richtigen Wahl der pflanzlichen Zutaten, die zu Giften wurden, wenn man sie im Übermaß nahm. Die begabten Spanier Bernardino de Sahagún und Francisco Hernández widmeten in Mexiko unendliche Anstrengungen und all ihre Zeit der Aufgabe, von den Indianern die Eigenschaften verschiedener mexikanischer Pflanzen aufzuzeichnen. Aber sie waren Europäer ohne Kenntnis der amerikanischen Pflanzenwelt, und auch in ihrer europäischen Welt sicherlich nicht das, was wir als Botaniker oder Kräuterkenner bezeichnen würden. Ihre Absichten waren gut, doch ihre Ignoranz war nahezu ›vollkommen‹. Was sie uns über die Halluzinogene zu sagen haben, ist eher ›einfältig‹. Sie hätten die Halluzinogene versuchen können, doch sie entschlossen sich, es nicht zu tun und ließen diese Gelegenheit ungenutzt. Wie ganz anders hätte ihre Geschichte aussehen können, wenn sie einige Jahre als Lehrlinge der indianischen *sabios* verbracht hätten!

In der Homerischen Hymne an Demeter wird erzählt, daß Demeter, als sie, untröstlich über den Verlust ihrer Tochter Persephone, erschöpft in Eleusis ankam, den Wein, den man ihr anbot, verschmähte. Da jede Handlung in dieser Erzählung eine mythische Bedeutung trug, scheint es, daß das Trinken eines alkoholischen Getränks nicht mit der Einnahme des göttlichen Tranks, des *kykeon*, vereinbar war. Die beiden Formen des Rausches schlossen sich gegenseitig aus. In Mexiko wissen die Leute, die Pilze nehmen wollen, daß sie während vier Tagen vor der *velada*, wie die Pilzfeier genannt wird, auf den Genuß von Alkohol verzichten müssen. Der Alkoholrausch hätte die göttliche Medizin entweiht und verunreinigt, in Mexiko ebenso wie in Griechenland.

Die Eleusinischen Mysterien standen unter ausschließlicher Kontrolle der Familien der Eumolpiden und Keryken. Während nahezu zweitausend Jahren leiteten diese Hierophanten mit unumschränkter Vollmacht die Riten zu Eleusis. Im Unterschied hierzu hat in den Gebieten des heiligen Pilzes von Mexiko jedes Dorf seine *sabios* (›Weise‹), die Hüter des Rituals. (In einigen abgelegenen Mixe-Dörfern nehmen die einzelnen Familien die Pilze, wenn sie das Bedürfnis dazu verspüren, ohne Anleitung eines *sabio*. Wir wissen nicht, ob diese informelle Praxis bei den Mixe einen Niedergang des Rituals oder das Überbleibsel eines früheren archaischen Brauchs darstellt.) In Griechenland nahm der ›Eingeweihte‹ den Trank nur einmal im Leben ein und konnte so nicht verschiedene Erfahrungen miteinander vergleichen. In Mexiko kann man den Pilz ›konsultieren‹, wann immer ein ernstes familiäres Problem vorliegt. Einige Indianer ziehen es vor, den Pilz niemals zu nehmen, andere ein einziges Mal, wieder andere von Zeit zu Zeit. Der Neuling wird beständig gewarnt, daß die Einnahme des Halluzinogens im höchsten Grad *delicado* sei, ›delikat‹ mit der Nebenbedeutung ernsthafter Gefährlichkeit.

In Eleusis und in Mexiko waren bestimmte Nahrungsmittel für eine gewisse Zeit vor der großen Nacht verboten. Die Nahrungsmittel waren allerdings so verschieden, daß man die genauen Vorschriften kaum miteinander vergleichen kann; fest steht aber, daß in Mexiko wie in Eleusis Eier tabu waren. Gefastet wurde hier wie dort vom Morgen an den ganzen Tag hindurch: Die Nacht trat man mit leerem Magen an. In Mexiko war es vor der Konquista in aristokratischen Kreisen Brauch, die berauschenden Pilze in nahrhafter Schokolade zu trinken, so daß mit dem Abbruch des Fastens gleichzeitig die Ereignisse der Nacht in die Wege geleitet wurden. Wegen des jedem Teilnehmer an den Mysterien auferlegten Schweigegebotes findet man bei den Autoren aus der Blütezeit von Eleusis kaum Hinweise auf die Geschehnisse, aber in den ersten Jahrhunderten des christlichen Zeitalters, der Niedergangsperiode von Eleusis, entdecken wir einige wenige dunkle, zurückhaltende Angaben, die uns ein paar ungewisse Einblicke gewähren. Da ist einmal von einem

Imbiß die Rede, der den Initianden vorgesetzt wurde, wobei ein großer, *pelanos* genannter Kuchen aus auf der angrenzenden Rarischen Ebene geerntetem Gersten- und Weizenkorn in Stücke gebrochen und an alle verteilt wurde. In den Quellen hört man auch von einem unter den Eingeweihten geschlossenen Freundschaftsbund, und es ist vermutet worden, dieses Bündnis sei aus dem gemeinsam genossenen Mahl hervorgegangen. Die Annahme, daß dieses Mahl dem Abbruch des Fastens in Mexiko entsprach, ist mit den griechischen Texten nicht unvereinbar; der *pelanos* hätte dabei die Funktion der Schokolade. Sicher aber hatte das Freundschaftsbündnis nichts mit dem Imbiß zu tun; dafür wäre er ein zu ›nüchterner‹ Anlaß gewesen. Der überwältigende Eindruck der Nacht unter der Wirkung eines Halluzinogens läßt das Gefühl einer unvergeßlichen gemeinsamen übernatürlichen Erfahrung entstehen; ein Gefühl von *cofradía*, von Brüderlichkeit. Zwei von uns haben es in Mexiko persönlich erlebt: wer unter den entsprechenden Bedingungen eine *velada* durchlebt, wird einer ehrfurchtgebietenden Erfahrung teilhaftig und fühlt in sich die enge Verbindung zu seinen Gefährten jener Nacht; eine Verbindung, die das ganze Leben lang bestehen wird. Das scheint uns der Freundschaftsbund zu sein, auf den die griechischen Quellen dunkel anspielen.

Als nächstes haben wir uns der Frage der Geheimhaltung zuzuwenden. In Mexiko war seit den kurzen Erwähnungen durch die Mönche im 16. und 17. Jahrhundert in gebildeten Kreisen nichts mehr über die heiligen Pilze bekannt geworden. Man sagte, die Pilze seien ein ›Geheimnis‹ der Indianer im Hochland von Südmexiko. Unsere eigene kleine Gruppe stöberte sie auf und machte sie einer größeren Öffentlichkeit bekannt. Doch wir glauben, daß dieses ›Geheimnis‹ niemals wirklich ein Geheimnis war. In den Indianergemeinschaften wußte jedermann davon, wie auch von den Windensamen. Wenn er wollte, konnte jeder Dorfbewohner die Kunst erlernen, die heiligen Pilze zu erkennen, und viele taten es auch. Es wurde ein kleiner Handel mit den Pilzen getrieben, um die Nachfrage der in die Städte gezogenen Eingeborenen zu befriedigen, die ihre Pilze weiterhin zu ›konsultieren‹ wünschten. Die Kirche hatte sich anfänglich gegen den Gebrauch gestellt, und die Inquisition versuchte ihn im 16. und 17. Jahrhundert durch heftige Verfolgungen auszurotten. Dies gelang ihr bekanntlich nicht; doch die natürliche Mykophobie der spanischen Bevölkerung, ihre Verachtung für die eigentümlichen Praktiken der Einheimischen und die entsprechende Haltung der später nach Mexiko gekommenen Franzosen, Deutschen und Engländer führte ganz von selbst dazu, daß über die Dinge, die den Indianern am meisten am Herzen lagen, keine Kommunikation zwischen ihnen und den Besatzervölkern zustande kam. Es ist kaum verwunderlich, daß die heiligen Pilze nach der kümmerlichen Welle von hoffnungslos unzulänglichen Angaben in den Schriften der frühen Mönche bis in unsere Zeit hinein der Welt unbekannt geblieben sind. Die Indianer hatten keinen Anlaß, von sich aus davon zu sprechen. Die ›Geheimhaltung‹ war nicht eine Verschwörung des Schweigens: sie war den Indianern durch den weißen Mann aufgezwungen worden und eine Folge des Fehlens einer entsprechenden intelligenten und einfühlsamen Neugier seinerseits.

Die Geheimhaltung der Eleusinischen Mysterien in der altgriechischen Welt war etwas anderer Natur. Die athenischen Gesetze erklärten das Sprechen über die Vorgänge im Telesterion von Eleusis zum Verbrechen. In den letzten Abschnitten der Homerischen Hymne an Demeter wird dieses Schweigen allen Eingeweihten ausdrücklich auferlegt. Im Jahr 415 v. Chr. gab es in Athen eine Welle mutwilliger Entweihungen der Mysterien, worauf die Obrigkeit eingriff und schwere Strafen aussprach. Doch die Geheimhaltung ging weit über den Geltungsbereich der Gesetze von Athen hinaus. Sie war überall in der griechischen Welt in Kraft und wurde nie ernsthaft verletzt. Sie setzte sich auch von selbst durch: Wer die höheren Halluzinogene aus persönlicher Erfahrung kannte, war nicht dazu geneigt, mit Außenstehenden zu diskutieren, was ihm offenbart worden war; Worte konnten einem Fremden die Wunder jener Nacht nicht vermitteln, und es bestand immer die Gefahr, daß der Erklärungsversuch auf Unglauben stieß und Hohn und Spott hervorrief, was einem Eingeweihten lästerlich erschien und ihn im Innersten seines Wesens verletzte. Einer, der das Unaussprechliche erfahren hat, läßt sich ungern auf Erklärungen ein: Worte sind nutzlos.

Soweit wir es beurteilen können, entsprechen die Vorgänge in Eleusis Punkt für Punkt der halluzinogenen Erfahrung in Mexiko; in einer wichtigen Hinsicht jedoch geht der mexikanische Ritus über Eleusis hinaus. Beide haben an der ›Großen Vision‹ Anteil (wobei ›Vision‹ hier sämtliche Sinne und Emotionen umfaßt), doch in Mexiko dienen die heiligen Pilze (und die anderen höheren Halluzinogene) auch als Orakel. Die Hierophanten von Eleusis hatten es jedes Jahr mit einer neuen Gruppe von Initianden zu tun, und immer waren es viele. Aufgrund der sich daraus ergebenden Beschränkungen konnten sie weder einzelnen noch dem Staat als Berater bei ernsthaften, Hilfe erheischenden Problemen dienen. In Mexiko hingegen wird das Halluzinogen wegen gewichtigen Angelegenheiten aller Art von Zeit zu Zeit zu Rate gezogen. Die Fragen, die man den Pilzen stellt, müssen ernst gemeint sein: sollten sie unwürdig oder leichtfertig sein, hat der Ratsuchende mit einer scharfen Zurückweisung zu rechnen. Das Vertrauen in die Pilze ist bei den Indianern, wo traditionelle Glaubensformen noch vorherrschen, absolut. Wenn der Bittsteller alle Tabus beachtet hat, wenn die *velada* unter den richtigen Bedingungen der Dunkelheit und der Stille stattfindet, und wenn er seine Fragen mit reinem Herzen stellt, dann werden die Pilze nicht lügen. So sagen die Indianer. Und das wenige Beweismaterial, das wir besitzen, läßt vermuten, daß sie recht haben.

Gegen Ende des letzten Jahrhunderts hörte die Welt von Peyotl, und zu Beginn der Mitte dieses Jahrhunderts wurden von Richard Evans Schultes die halluzinogenen Windensamen bestimmt. Ein wenig später erhielten die von Roger Heim und R. G. Wasson lokalisierten und beschriebenen heiligen Pilze von Mexiko die volle öffentliche Aufmerksamkeit. Ein Botaniker,

Blas Pablo Reko, und ein Anthropologe, Robert J. Weitlaner, hatten uns auf die Spur gebracht. Was wir drei nun der heutigen Welt vorlegen, dürfte wohl der Schlüssel zum Geheimnis der Eleusinischen Mysterien sein. Ist nicht die Verbindung zwischen dem Korn des Triptolemos und der so leicht und sicher aus dem Mutterkorn zu erlangenden hohen Erfahrung derart eng, natürlich und poetisch befriedigend in ihrer völligen Übereinstimmung mit dem Mythos von Demeter und Persephone, daß wir sozusagen gezwungen sind, diese Lösung anzunehmen?

Weitere Fragen sollten untersucht werden. Zum Beispiel lebten die schwangeren Kaiserinnen von Byzanz in einer mit Porphyr ausgekleideten Kammer, damit ihre Nachkommen ›in Purpur‹ geboren würden (›Porphyr‹ = Purpur). War dieses ›Purpur‹ die Farbe von *Claviceps purpurea*, und treten uns hier postum die purpurgewandete Demeter und der purpurhaarige Hades entgegen? Die ältesten Kodizes sind auf purpurnes Pergament geschrieben. Ist dies so, weil nur die erhabenste Farbe für Werke wie z. B. *De Civitate Dei* des Heiligen Augustinus angemessen war? Die Wertvorstellungen der heidnischen Welt hätten auf diese Weise insgeheim unter der christlichen Ordnung weitergelebt.

FÜNFTES KAPITEL. DIE HOMERISCHE HYMNE AN DEMETER

Laßt mich die Geschichte von Demeter erzählen, der heiligen Göttin, deren Haar in reichen Flechten wuchs, wie nur das Haar einer Göttin wächst, und von ihrer Tochter, die Hades raubte. Zeus, der Donnergott, gab sie ihm. So geschah es.

Fern von Demeter, der Herrin der Ernte, die mit goldener Sichel schneidet, spielte sie und pflückte Blumen mit den Töchtern des Okeanos, Rosen und Krokus und schöne Veilchen, Iris, Hyazinthen und die Narzisse. Die Erde brachte die Narzisse hervor als wundervolle Falle für das blühende Mädchen nach Zeus' Plan, um Hades, der alle empfängt, zu gefallen. Sie war für alle, unsterbliche Götter und sterbliche Menschen, ein wunderbarer Anblick. Und aus ihrer Wurzel wuchsen hundert Köpfchen, die einen so süßen Duft verströmten, daß der ganze weite Himmel droben und die ganze Erde lachten und die salzige Flut des Meeres. Das Mädchen war bezaubert und streckte beide Hände aus, um die Pracht zu ergreifen. Doch als sie es tat, öffnete sich die Erde, und der Herrscher Hades, dem wir alle begegnen werden, brach hervor mit seinen unsterblichen Pferden auf die Ebene von Nysa. Der Herr Hades, der Sohn des Kronos, der mit vielen Namen genannte. Um Erbarmen flehend und sich wehrend wurde sie in den goldenen Wagen gezerrt. Mit dem schrillen Schrei der Mänade rief sie nach

Zeus, Zeus dem Höchsten und Besten. Doch keiner der Unsterblichen, kein sterblicher Mensch hörte ihre Stimme, nicht einmal die prächtige Früchte tragenden Ölbäume; nur Hekate, die einen zarten Schleier trägt, Perses' freundliche Tochter, hörte sie in ihrer Höhle – und der Herrscher Helios, der strahlende Sohn Hyperions, auch er hörte das Mädchen nach seinem Vater schreien. Doch der Sohn des Kronos saß fern von den Göttern in seinem Tempel, wo sich die Anbetenden drängten. Und während er von sterblichen Menschen Opfer empfing, wurde sie auf seine Anregung hin von seinem eigenen Bruder verschleppt, der über viele herrscht und alle empfängt – dem Sohn des Kronos, der viele Namen trägt, Hades, und seinen unsterblichen Pferden.

Solange die jungfräuliche Göttin noch die Erde und den Sternenhimmel sehen konnte, das ebbende Meer und die Strahlen der Sonne, konnte sie noch hoffen, der geliebten Mutter wieder zu begegnen und dem Volk der Götter, die immer sein werden. Und diese Hoffnung tröstete sie in ihrem Elend. Die Gipfel der Berge widerhallten von ihrer unsterblichen Stimme und die Tiefen des Meeres, bis schließlich die Mutter ihr Schreien vernahm. So bitter war der Schmerz, der das Herz der Göttin ergriff, daß sie von ihrem Haupt den feinen Schleier riß, den Schleier, der ihr göttliches Haar bedeckte, und über ihre Schultern einen langen schwarzen Umhang warf, den Mantel des Todes.

Sie flog rasch wie ein Vogel über Land und Meer und suchte ihre Tochter, aber niemand wollte ihr die Wahrheit sagen, kein Gott und keiner der sterblichen

Menschen; und auch kein Vogel kam zu ihr, und Vögel, wie wir alle wissen, bringen wahre Botschaften. So durchstreifte die heilige Deo neun Tage die Erde mit flammenden Fackeln in den Händen, und so groß war ihr Kummer, daß sie den Geschmack von Ambrosia und süßem Nektar verschmähte und das Bad mied. Doch als zum zehnten Mal die Morgenröte mit ihrem Licht erschien, begegnete ihr Hekate mit einer Flamme in der Hand, die ihr eine Nachricht brachte – sie sagte ihr folgendes:

›Große Demeter, du Göttin, die die Jahreszeiten bringt und strahlende Gaben schenkt, wer von den himmlischen Göttern oder sterblichen Menschen nahm Persephone und brach dein Herz? Ich bin zu dir gekommen, weil ich einen Schrei vernahm, aber ich sah nicht mit meinen eigenen Augen, wer sie genommen hat – das ist alles, was ich weiß.‹

So sprach Hekate, aber die Tochter der Rheia, Demeter, deren Haar in reichen Flechten wuchs wie nur das Haar einer Göttin es kann, antwortete ihr nicht mit Worten; statt dessen flog sie geschwind mit ihr, flammende Fackeln in den Händen. Sie flogen geradewegs zu Helios, der Sonne, dem Wächter der Götter und Menschen, und indem sie vor seine Pferde trat, sprach Demeter, Göttin unter den Göttinnen:

›Helios, wir beide sind Götter, und darum mußt du mir helfen, wenn ich je mit Wort oder Tat dein Herz und Gemüt erwärmte. Ich gebar eine Tochter, ein schönes Kind mit schönem Gesicht, deren Schreie ich durch die unermeßlichen Himmel vernahm, die Schreie einer Gefangenen – doch konnte ich nichts mit meinen eigenen Augen sehen. Aber du, da du mit deinen göttlichen Strahlen alles unter dir siehst, alles auf Land und Meer, mußt mir die Wahrheit sagen. Hast du mein Kind irgendwo gesehen? Wer hat es gegen seinen Willen von mir genommen? War es ein Gott oder einer der sterblichen Menschen?‹

So sprach sie. Und der Sohn des Hyperion antwortete ihr und sagte: ›Herrin Demeter, Tochter der Rheia, deren Haar in reichen Flechten wächst, wie nur das Haar einer Göttin es kann, du wirst die Wahrheit erfahren, da ich in Ehrfurcht vor dir stehe und Erbarmen mit dir habe, wie du an dem Verlust deines Kindes leidest. Zeus allein ist von den Unsterblichen schuld, denn er gab sie dem Hades, seinem eigenen Bruder, damit er sie als Gattin nehme. Der packte sie, führte sie in den sonnenlosen Westen, und ihre Schreie waren schrill wie die einer Mänade. Doch, Göttin, halt ein mit deinem großen Jammern; du brauchst keinen solchen Zorn zu haben: Aidoneus, der Herrscher über viele, ist dein eigener Bruder und unter den Unsterblichen kein unpassender Gatte für deine Tochter. An Ehren hat er sein Drittel der Welt, das er empfing, als am Anfang die Reiche zugeteilt wurden, und er ist Herr über jene, die er empfing und mit denen er lebt.‹

Als er das gesagt hatte, trieb er seine Pferde an, und auf sein Gebot hin zogen sie den schnellen Wagen leicht durch die Lüfte wie langflügelige Vögel. Als sie ihn vernommen hatte, wurde Demeters Schmerz zur Qual, und ihr Herz schwoll an vor Zorn. Wütend auf Zeus, den gewitterdunklen Sohn des Kronos, hielt sie sich fern von der Versammlung der Götter und dem hohen Olymp und ging für lange Zeit verkleidet, um sich bei den sterblichen Menschen aufzuhalten. Kein Mann, der sie sah, erkannte sie, und auch nicht eine der Frauen, die zu dieser Zeit ihre Gürtel tief auf den Hüften trugen, – bis sie zum Haus des Weisen Keleos kam, der damals Herrscher von Eleusis war, wo immer der Weihrauch brennt. Sie setzte sich mit gebrochenem Herzen nahe der Straße beim Jungfrauenbrunnen nieder, wo die Frauen der Stadt Wasser holten und wo ein dichtgewachsener Ölbaum Schatten spendete. Als sie dort saß, sah sie aus wie eine längst zur Greisin gewordene Frau, die keine Kinder gebären noch sich der Gaben Aphrodites erfreuen kann; solche Frauen sind Ammen für die Kinder von Königen, den Wahrern des Rechts, und sie arbeiten als Haushälterinnen in ihren endlosen Räumen. Die Töchter Keleos', des Sohnes von Eleusinos, sahen sie, als sie die ehernen Wasserkrüge zum Haus ihres Vaters brachten. Es waren vier Töchter, deren blühende Schönheit die Schönheit von Göttinnen war: Kallidike und Kleisidike, die liebliche Demo und Kallithoe, die älteste von allen. Sie erkannten aber Demeter nicht in der Frau, da sich die Götter immer schwer von Sterblichen erschauen lassen. Doch traten sie zu ihr und sagten:

›Wer bist du, alte Frau? Warum bleibst du vor der Stadt draußen anstatt hereinzukommen? Dort, in den schattigen Hallen, sind Frauen so alt wie du und auch jüngere, die dich mit Wort und Tat willkommen heißen werden.‹

So sprachen sie, und Herrscherin Demeter antwortete ihnen:

›Liebe Kinder, seid gesegnet, wer immer ihr seid, ihr strahlenden Mädchen. Ich werde euch berichten, denn es scheint nicht unziemlich, die Wahrheit zu sagen, wenn man mit Mädchen wie euch redet. Mein Name ist Dos, denn so nannte mich meine liebe Mutter. Ich komme von Kreta auf dem breiten Rücken des Meeres, obschon ich es gar nicht wollte. Männer, Piraten waren es, schleppten mich gewaltsam weg. Später legten sie mit ihrem schnellen Schiff in Thorikos an. Dort kam eine Schar von Frauen zum Meer herunter und bereitete uns ein Mahl bei den Tauen am Heck unseres Schiffes. Doch ich hatte kein Verlangen nach den Freuden des Gaumens. Indem ieh mich heimlich durch das dunkle Land davonschlich, entfloh ich meinen niederträchtigen Häschern, damit sie mich nicht verkaufen und nicht in den Genuß meines Preises gelangen konnten. So wanderte ich herum und bin nun hierher gekommen, doch weiß ich nicht, wo ich bin und wer die Leute sind, die hier wohnen. Aber mögen alle Götter auf dem Olymp euch gute Ehemänner geben, und mögen sie euch so viele Kinder gewähren, wie ihr wünscht. Habt Mitleid mit mir, ihr Mädchen, . . .

[Textlücke: und sagt mir (?)]

. . . liebe Kinder, zu wessen Haus ich gehen soll, um passende Arbeit zu finden, so daß ich tun kann, was die Pflichten alter Frauen sind: ein neugeborenes Kind zu stillen und in den Armen zu halten. Ich könnte auch das Haus besorgen und dem Herrn das Bett machen, das Bett, das tief im Innern der gutgebauten Gemächer liegt, und ich könnte die Frauen in ihrer Arbeit unterrichten!‹

So sprach die Göttin, und die unverheiratete Jungfrau Kallidike antwortete ihr, Kallidike, die schönste von Keleos' Töchtern:

›Mütterchen, die armen Sterblichen müssen ertragen, was die Götter austeilen, denn sie sind uns bei weitem überlegen. Ach, doch laß mich genau erklären und dir die Namen der wichtigen Männer nennen, derjenigen, die geehrt sind in unserer Stadt und unser Volk regieren und die Burg beschützen, die wie eine Krone über der Stadt sitzt – derjenigen, die uns beraten und unseren Frieden wahren. Da ist Triptolemos, der Weise, und Dioklos und Polyxeinos, der untadelige Eumolpos und Dolichos und unser eigener heldenhafter Vater; und sie alle haben Frauen, die ihre Häuser betreuen. Und keine von ihnen wird auf den ersten Blick deine Person mißachten und dich wegschicken. Sie werden dich vielmehr willkommen heißen, weil du so göttlich wirkst. Wenn du es wünschst, so bleibe hier, und wir werden zum Haus unseres Vaters gehen und Metaneira Bericht erstatten, unserer Mutter Metaneira, die ihren Gürtel tief auf den Hüften trägt – wir werden ihr alles von Anfang bis Ende berichten. Und wir werden sehen, ob sie will, daß du in unser Haus kommst, anstatt dich in einem der anderen umzutun. Sie hat spät im Leben noch einen Sohn geboren und stillt ihn in ihrem gutgebauten Gemach; ein von uns allen erflehtes Kind. Wenn du ihn nährst und aufziehst und er das Jünglingsalter erreicht, so werden dich alle Frauen beneiden, wenn sie dich sehen – so viele Geschenke wird sie dir für seine Erziehung geben.‹

So sprach sie, und die Göttin nickte zustimmend mit

dem Kopf. Dann füllten die Mädchen ihre glänzenden Gefäße mit Wasser und trugen sie frohlockend nach Hause. Bald kamen sie im großen Haus des Vaters an, und rasch erzählten sie der Mutter, was sie gesehen und gehört hatten. Diese hieß sie schnell die alte Frau rufen und ihr einen ansehnlichen Lohn anbieten. Wie Rehe oder junge Kälber in den Wiesen herumtollen und sich am neuen Grün des Frühlings sättigen, so eilten die Mädchen den Furchen des Karrenwegs entlang; sie hielten die Falten ihrer feingewobenen Kleider, und ihr Haar umspielte die Schultern wie Krokusblüten, Safran und Gold. Sie fanden die ruhmreiche Göttin nahe dem Weg, dort wo sie sie verlassen hatten. Dann führten sie sie zum Haus ihres Vaters, und sie ging hinter ihnen mit schwerem Herzen, von Kopf bis Fuß verhüllt, und um die feinen Füße der Göttin flatterte ihr dunkles Gewand. Bald langten sie beim Haus des Keleos an, den Gott bevorzugt, und sie schritten durch die Gänge, bis sie zu ihrer Mutter kamen, der Herrin Metaneira. Die saß bei einer Säule und hielt ihren neuen Nachkommen, ihren Sohn auf dem Schoß. Die Mädchen rannten neben die Mutter; dann trat Demeter zur Schwelle, ihr Kopf berührte den Dachbalken – und die Tür war von ihrer göttlichen Aura erfüllt. Scheu und Ehrfurcht ergriffen die Mutter, und sie wurde blaß vor Furcht. Sie erhob sich und bat die Göttin, sich auf ihren Stuhl zu setzen, aber Demeter, die Göttin, welche die Jahreszeiten hervorbringt und uns strahlende Gaben schenkt, wünschte nicht auf dem glitzernden Stuhl zu sitzen, sondern blieb schweigend stehen und hielt ihre schönen Augen gesenkt, bis ihr die ränkevolle Iambe einen Schemel gab und ein Widdervlies darüberwarf. Darauf setzte sie sich, zog den Schleier über das Gesicht und blieb lange betrübt sitzen; sprachlos saß sie auf dem Schemel. Auch sagte oder tat sie nichts, saß nur freudlos da, ohne Wunsch nach Speise oder Trank; kümmerte dahin vor Sehnsucht nach der Tochter. So blieb sie sitzen, bis die ränkevolle Iambe sie mit Scherzen belustigte und die heilige Herrin zum Lächeln brachte, dann zum Lachen, und ihr Herz erweichte – Iambe, die sie später bei ihren Mysterienriten erfreute. Metaneira bot ihr einen Becher mit Wein an, süß wie Honig, doch sie lehnte ihn ab und erklärte, Wein wäre ein Sakrileg. Statt dessen bat sie, sie solle ihr Gerste und Wasser mit zarten Blättern von *glechon* zum Trinken vermischen. Metaneira machte den Trank und gab ihn der Göttin, wie diese erbeten hatte; und die große Deo nahm ihn entgegen zum Vorbild für das Mysterium . . .

[Textlücke von 22 bis 26 Zeilen]

. . . Metaneira, deren Gewand in dicken Falten über ihre Hüfte fiel, sprach zu ihr:

›Sei gegrüßt, o Frau, ich glaube nicht, daß du von niedriger Herkunft bist, denn dein Blick zeigt Sittsamkeit und Anmut, als stammtest du aus einem Geschlecht von Königen, den Wahrern des Rechts. Doch wir armen elenden Sterblichen müssen ertragen, was die Götter austeilen, und es scheint, als ob ein Joch des Unglücks unseren Nacken umgibt. Nun aber, da du hierhergekommen bist, soll alles, was mein ist, auch dein sein. Stille mir dieses Kind: die Götter schenkten es mir spät im Leben, als ich schon alle Hoffnung aufgegeben hatte, und ich betete oft um es. Wenn du es aufziehst und es das Jünglingsalter erreicht, so werden dich alle Frauen beneiden, wenn sie dich sehen – so viele Geschenke werde ich dir für seine Erziehung geben.‹

Demeter, die Göttin mit der strahlenden Krone, antwortete ihr darauf:

›Gegrüßt seist du, o Frau, mögen dich die Götter mit allem segnen, was gut ist. Ich will dein Kind sorgfältig aufziehen, wie du mich gebeten hast. Fürchte nicht um seine Sicherheit; es wird von keiner boshaften Amme gesäugt werden, noch Zaubersprüchen ausgesetzt sein, die einen Säugling befallen, oder von der Hexenwurzel zu essen bekommen; denn ich kenne die großmächtigen Kräuter, die man sammelt, und die schützende Pflanze, die Besessenheit abwehrt.‹

So sprach sie, dann hob sie es mit ihren unsterblichen Händen auf und nahm es an die duftende Brust; und seine Mutter war zufrieden. So zog Demeter den hübschen Sohn des weisen Keleos auf; den Sohn, den Metaneira gebar, Metaneira, deren Gewand in dicken Falten über ihre Hüfte fiel. Das Kind wuchs und gedieh wie ein Gott, denn es ernährte sich nicht von Muttermilch, sondern von Ambrosia, der Speise der Götter, mit der es Demeter salbte, so als ob es selbst als Gott geboren wäre; und sie blies ihm süß ihren Atem an, wenn sie es auf ihrem Schoß wiegte, und in der Nacht vergrub sie es in die Mächte des Feuers auf dem Herd. Aber seine Eltern wußten nichts davon, und für sie war es wie ein Wunder, irgendwie göttlich. Die Göttin hätte es zeitlos und unsterblich gemacht, wäre nicht

Metaneira so dumm gewesen, seine eigene Mutter. Eines Nachts, als sie aus ihrer süßduftenden Kammer blickte, beobachtete sie die Göttin bei ihrem Zauber und schrie auf, verstört von dem, was sie sah, und schlug sich auf die Schenkel vor schrecklicher Angst um ihr Kind. Von Entsetzen erfaßt, gab sie diesen Wortschwall von sich:

›Diese Frau, zu Gast in meinem Haus, lieber Demophoon, sie begräbt dich in einem großen Feuer und überläßt mich dem Schmerz und den Qualen der Trauer.‹

So heulte sie in ihrer Pein, und die Göttin, die Göttin unter den Göttinnen, hörte sie. Erzürnt über ihre Dummheit zog Demeter, die strahlengekrönte, das Kind aus dem Feuer und warf es auf den Boden; den Sohn, den Metaneira geboren und für den sie alle Hoffnung verloren hatte – und so wutentbrannt war ihr Herz, daß sie zu Metaneira sagte:

›Alle Menschen sind Narren! Ihnen fehlt das Verständnis, das Schicksal vorauszusehen, das auf sie zukommt, sei es gut oder schlimm. Weil in deinem Kopf keine Vernunft ist, hast du diesen nicht wiedergutzumachenden Fehler begangen. Wisse den Schwur der Götter, den Schwur, den sie bei den unerbittlichen, ewigen Wassern des Flusses Styx schworen: Ich hätte diesen Sohn für alle Zeiten unsterblich gemacht und ihm unvergängliche Ehre gewährt, doch nun kann er nie mehr den Dämonen entrinnen, die ihm den Tod bringen. Aber er hat auf meinem Schoß geruht und in meinen Armen geschlafen, das wird ihm für immer zu unvergänglicher Ehre gereichen: Zu seinem Gedenken werden im Lauf der Zeit, immer wenn der Frühling wiederkehrt, die jungen Eleusinier sich zu Wettkampf und Schlacht zusammenfinden, wieder und wieder.

›Ich bin Demeter, die hochgeehrte; ich bin die Quelle von Leben und Freude für Sterbliche und Unsterbliche. Folgendes aber mußt du tun: Laß dein ganzes Volk mir einen Tempel bauen mit einem Altar davor, neben der Festung der oberen Stadt, die über dem Kallichoron-Brunnen aufragt. Und ich werde selber meine Riten stiften, damit ihr sie ausführen könnt, um so meinen Zorn zu besänftigen.‹

Als sie dies sagte, veränderte sich die Göttin, wie wenn ein Wind ihr Alter weggeblasen und nur noch ihre strahlende Schönheit übriggelassen hätte; ihre Gewänder verströmten süße Düfte, die Aura der Unsterblichen umstrahlte ihre Haut, und goldenes Haar bedeckte ihre Schultern. Der Palast wurde von einem Leuchten erfüllt, das wie das Leuchten des Blitzes war. Dann drehte sie sich um und schritt aus der Halle.

Als sie gegangen war, blieb Metaneira lange zitternd und sprachlos stehen und dachte nicht daran, ihr geliebtes Kind vom Boden aufzuheben. Doch seine Schwestern hörten sein klägliches Schreien und eilten aus ihren reichbedeckten Betten. Eine von ihnen hob das Kind auf und legte es auf ihren Schoß. Eine fachte das Feuer wieder an, während eine andere ihrer Mutter aufhalf und sie geschwind auf ihren zarten Füßen aus dem duftenden Raum führte. Als nächstes badeten sie das zitternde Kind, liebkosten es und hofften, es nach dem soeben Geschehenen zu beruhigen, aber es ließ sich nicht besänftigen – so gut sie auch zu ihm schauten, konnten sie es doch nicht mit Demeter aufnehmen.

Die ganze Nacht versuchten sie, die erhabene Göttin zu versöhnen, zitternd vor Angst, und als die Dämmerung erschien, sagten sie dem mächtigen Keleos die ganze Wahrheit, wie ihnen die Göttin befohlen hatte; Demeter, die strahlengekrönte. Dann rief Keleos seine vielen Untertanen zusammen und befahl ihnen, einen reichen Tempel zu bauen für Demeter, deren Haar in reichen Flechten wuchs, wie nur das Haar einer Göttin es kann, und er hieß sie auf dem ansteigenden Hügel einen Altar bauen. Und kaum hörten sie seine Stimme, so gehorchten sie schon und bauten den Tempel, wie er ihnen befohlen hatte. Und der Tempel wuchs mit der Hilfe der Göttin.

Als sie den Tempel vollbracht und die Arbeit niedergelegt hatten, gingen sie heim, jeder in sein eigenes Haus. Aber die goldhaarige Demeter blieb dort sitzen, abseits von all den gesegneten Göttern, und verzehrte sich vor Sehnsucht nach ihrer Tochter Persephone, deren Gewand in dicken Falten über ihre Hüfte fiel. Dann schickte sie ein tödliches Jahr über die Menschheit; sie ließ den fruchtbaren Boden verdorren, und die Erde ließ ihre Samen nicht aufgehen, weil sie Demeter, die Göttin mit der strahlenden Krone, verborgen hielt. Vergeblich zogen die Ochsen die gekrümmte Pflugschar durch die Felder, und viel weiße Gerste fiel auf die Erde, wo sie nutzlos verkam. Und nun hätte sie das ganze Geschlecht der sterblichen Menschen durch Hungersnot zerstört und die Götter ihrer Ehren und Opfer beraubt, die Götter, deren Aufenthalt der

Olympos ist, wenn nicht Zeus es bemerkt und in seinem Herzen darüber nachgedacht hätte.

Zuerst sandte er Iris, die auf goldenen Flügeln fliegt, sie solle Demeter rufen, deren Haar in reichen Flechten wuchs, wie nur das Haar einer Göttin es kann, und deren Gesicht von Schönheit erstrahlte. Dies war sein Entschluß, und Iris gehorchte Zeus, dem gewitterdunklen Sohn des Kronos. Rasch durchflog sie den Himmel und kam in der Stadt Eleusis an, wo Weihrauch die Luft erfüllt. Sie fand Demeter in ihrem Tempel in den dunklen Gewändern der Trauernden und sprach zu ihr die geflügelten Worte:

›Demeter, Vater Zeus ruft dich, zurückzukehren zum unsterblichen Volk der Götter, die immer sein werden. Komm jetzt, laß meine Botschaft von Zeus nicht unbeachtet.‹

So sprach sie und flehte sie an, aber Demeters Herz ließ sich nicht umstimmen. Da schickte Vater Zeus all die gesegneten Götter aus, und einer nach dem anderen gingen sie zu ihr und riefen sie an und gaben ihr viele prächtige Geschenke und ließen sie alle Ehre unter den Unsterblichen erwählen, die sie nur wollte. Aber niemand konnte sie dazu bringen, ihre Haltung zu ändern, so zornig war sie, und sie wies ihre Bitten hartnäckig ab. Sie sagte, nie wieder werde sie einen Fuß auf den duftenden Olymp setzen oder die Erde Frucht tragen lassen, wenn sie nicht ihre schöne Tochter mit eigenen Augen zu sehen bekomme.

Schließlich vernahm das Zeus, der Donnergott, und er sandte Hermes, der einen goldenen Stab trägt, in den Erebos; Hermes, den man Argostöter nennt, weil er dieses hundertäugige Ungeheuer erschlug, ihn nun sandte Zeus, dem Hades mit sanften Worten zuzureden, er solle ihm erlauben, die heilige Persephone aus dem sonnenlosen Westen ans Licht zu führen. Dann würde ihre Mutter sie mit eigenen Augen zu sehen bekommen und bei ihrem Anblick anderen Willens werden.

Und so gehorchte Hermes, verließ den Sitz des Olympos und durcheilte die Tiefen der Erde. Er traf den Herrn der Toten in seinem Haus mit der ehrwürdigen Gattin auf dem Lager sitzend; doch war es nicht ihr eigener Wille, der sie dort festhielt, denn alles, was sie wollte, war ihre Mutter. Aber ihre Mutter war weit weg und dachte darüber nach, was die Götter getan hatten. Nun trat der mächtige Töter des Argos hinzu und sprach ihn an:

›Herr des Todes, du, Hades, mit dem purpurnen Haar; Vater Zeus befahl mir, die glorreiche Persephone aus dem Erebos zurück zu uns Göttern zu führen, damit ihre Mutter, wenn sie sie mit eigenen Augen erblickt, ihren Groll und gräßlichen Zorn gegen die Unsterblichen vergißt – sie plant nämlich einen ungeheuren Racheakt: Das schwache Geschlecht der Sterblichen will sie ausrotten, die auf der Erde leben; das will sie tun, indem sie die Samen unter dem Boden verborgen hält, und so wird sie das Ende der Verehrung der Götter bewirken. Sie hat eine rasende Wut und weigert sich, mit den Göttern zusammenzutreten; statt dessen sitzt sie abseits von uns in ihrem von Weihrauch duftenden Tempel, und ihr Reich ist nun die felsige Burg von Eleusis.‹

ABBILDUNGEN

1. *Gerstenmutterkorn*
Auf Gerste wachsendes Sklerotium von *Claviceps purpurea* (natürliche Größe)

2. *Weizenmutterkorn*
Auf Weizen wachsendes Sklerotium von *Claviceps purpurea* (natürliche Größe)

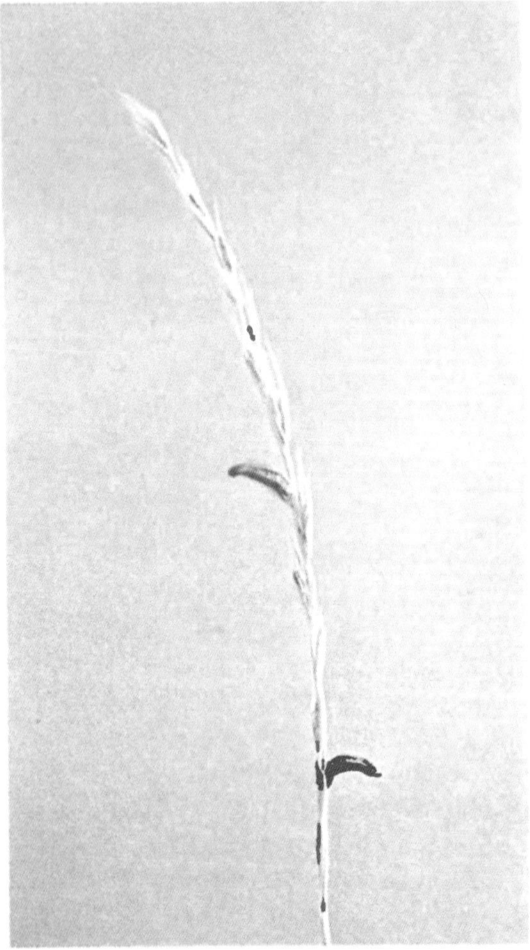

3. *Loliummutterkorn*

Auf Lolium = Taumellolch, Rauschgras, dem ›Unkraut‹ der Bibel wachsendes Sklerotium von *Claviceps purpurea* (natürliche Größe)

4. *Paspalummutterkorn*
Auf *Paspalum distichum* wachsendes Sklerotium
von *Claviceps paspali*
(zweifache natürliche Größe)

5. Modell des Eleusinischen Heiligtums in der römischen Periode: das Telesterion mit Laterne und Portikus von Philon von außerhalb der Befestigungsmauer her gesehen; rechts die Großen und die Kleinen Propyläen mit Karyatiden, durch welche die Heilige Straße zu den Seiteneingängen des Telesterions hin aufsteigt

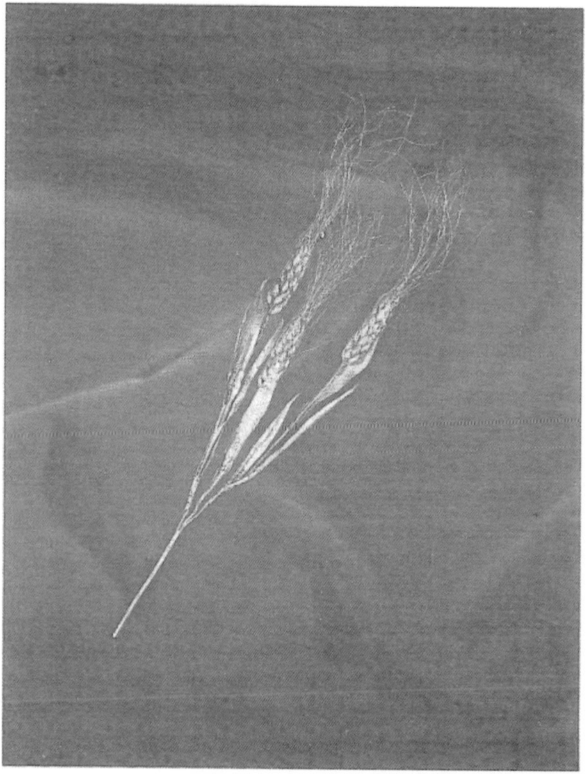

6. *Drei goldene Weizenähren*, 350-300 v. Chr.

7. Die Heilige Hochzeit: Perseus und Medusa, die ›den Kopf verloren hat‹
(Man beachte die Pilze oben links)

8. Fruchtkörper von *Claviceps purpurea* (zweifache natür liche Größe). Im Altertum steht der Purpur mit den furchtbaren Mächten der Unterwelt in Verbindung, und dem Gott Hades wird in der Homerischen Hymne an Demeter (Z. 347) purpurnes Haar zugeschrieben. Gegen Ende der Hymne (ZZ. 360, 374, 443) wird Demeters Gewand dreimal als ›purpurdunkel‹ beschrieben

9. Karyatide von den Kleinen (inneren) Propyläen, auf dem Kopf die mit dem eleusinischen Gefäß dekorierte heilige *kiste*

10. *Kernos*, Gefäß für die eleusinische Zeremonie

11. Triptolemos bei der Abfahrt zu seiner Missionsreise, mit Iakchos, Demeter und Persephone

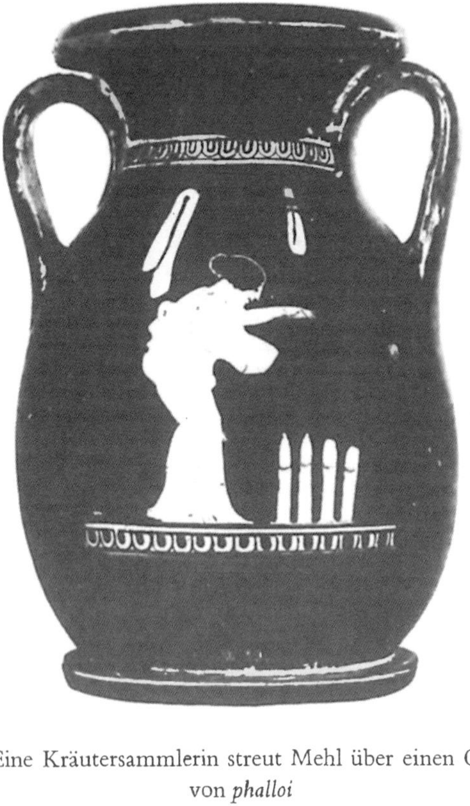

12. Eine Kräutersammlerin streut Mehl über einen Garten von *phalloi*

So sprach er, und der Herrscher der Toten, Aidoneus, lächelte und zog die Augenbrauen hinauf und gehorchte dem Befehl des Königs Zeus. Sogleich befahl er Persephone, der Königin der Wunder:

›Geh, Persephone, zu deiner Mutter, der Herrscherin in Gewändern von dunklem Purpur, trage freundliche Gefühle in der Brust und sei nicht so verzweifelt. Ich bin unter den Unsterblichen kein unpassender Gatte für dich – schließlich bin ich Zeus' eigener Bruder. Wenn du dort in seinem Reich bist, wirst du herrschen über alle die wachsenden Pflanzen und alle sich regenden Geschöpfe. Du wirst die größte Ehre unter allen Unsterblichen genießen, und wer dir nicht opfert und deine Riten nicht durchführt oder vergißt, dir angemessene Geschenke darzubringen, wird die Folgen zu tragen haben.‹

So sprach er, und Persephone jubelte und sprang sogleich freudig von ihrem Thron auf. Doch er selbst gab ihr heimlich einen süßen Granatapfelkern zu essen, damit sie nicht für immer bei ihrer Mutter bliebe, der ehrwürdigen Demeter mit dem Gewand von dunklem Purpur. Dann spannte Aidoneus, der Herrscher über viele, seine unsterblichen Pferde vor einen goldenen Wagen. Persephone stieg in den Wagen, und neben ihr saß der mächtige Töter des Argos, Hermes, mit den Zügeln und einer Peitsche in den Händen. Und sie rasten durch die Halle mit ihren Pferden voller Verlangen auf den Flug. Rasch brachten sie die lange Heimreise hinter sich, und weder Meere noch die Wasser der Flüsse konnten den Flug solch unsterblicher Pferde aufhalten, nein, nicht einmal die grasigen Täler noch die Gipfel der Berge, sondern immerfort vorwärts durchschnitten sie die Luft über den höchsten Bergspitzen wie ein Schiff den tiefen Ozean. Und dann hielt Hermes dort an, wo Demeter vor ihrem weihrauchduftenden Tempel wartete; und als sie ihre Tochter erblickte, rannte sie auf sie zu wie eine Mänade durch einen Bergwald rennt.

[387-405 stark beschädigt; Rekonstruktion unsicher]

Und Persephone ihrerseits sprang aus dem Wagen, als sie die schönen Augen der Mutter sah, fiel auf die Knie und bedeckte die Mutter mit Küssen. Doch während Demeter noch ihr Kind liebkoste und in ihren Armen hielt, kam ihr mit Schrecken der Gedanke: ›Eine Falle!‹ – und zitternd vor Angst hörte sie auf, ihre geliebte Tochter zu herzen und sprach diese Worte:

›Mein Kind, als du unter der Erde weiltest, hast du da etwa Speise gegessen? Sag mir die Wahrheit und verbirg mir nichts, damit wir beide es wissen. Denn wenn du seine Gastfreundschaft nicht angenommen hast, dann kannst du den Hallen des abscheulichen Hades entfliehen und hier bei mir bleiben und bei deinem Vater, dem gewitterdunklen Sohn des Kronos, wo du von allen Unsterblichen geehrt sein wirst. Aber wenn du irgend etwas gegessen hast, so mußt du die Reise zurück in die Tiefen der Erde auf dich nehmen und den dritten Teil der Jahreszeiten bei Hades verbringen und nur für zwei von den dreien hier mit mir und den anderen Unsterblichen leben. Wenn die Erde von all den duftenden Blüten übersät ist, die der Frühling bringt, dann wirst du vom sonnenlosen Westen aus der dunklen Macht emporsteigen als großes Wunder für die Götter und sterblichen Menschen . . . [Textlücke] . . . Und mit was für einer List täuschte dich der Gott, der alle empfängt?‹

Die wunderschöne Persephone antwortete ihr:

›Ich will dir alles erzählen, wie es wahrhaftig geschehen ist, Mutter. Als Hermes zu mir kam, Hermes, der Helfer und schnelle Bote der Götter – als er kam auf Ersuchen meines Vaters Zeus, des Sohnes des Kronos, und all der übrigen Götter, die auf dem Olympos wohnen – als er kam, mich aus dem Erebos herauszuführen, damit du mich mit eigenen Augen erblicken konntest, da kam er, damit du deinen Zorn auf die Unsterblichen vergaßest und deine schreckliche Wut besänftigtest. So kam er und ich sprang auf vor Freude, aber er – Hades – drängte mir einen Granatapfelkern auf, zwang mich gegen meinen Willen, ihn zu essen – und ich aß von dieser süßen Frucht.

›Und ich will dir auch berichten, wie er mich entführte nach dem Plan meines Vaters, des Sohns des Kronos, und mich in die Tiefen der Erde brachte. All das will ich dir erzählen; alles, wonach du gefragt hast.

›Wir spielten alle auf der üppigen Wiese, meine Freundinnen und ich – Leukippe und Phaino, Elektra und Ianthe – und ich spielte mit Melite, Iache, Rhodeia und Kallirhoe, Melobosis und Tyche, und auch mit Okyrhoe, die selbst so schön ist wie eine Blume. Da waren auch Chryseis, Ianeira, Akaste und Admete, Rhodope, Pluto und Kalypso, die von allen Männern Begehrte. Und mit uns waren Styx und Urania, die liebliche Galaxaura und Pallas, die Schlachten anspornt, und Artemis, die Bogenschützin. So spielten wir alle, lauter Jungfrauen und in der Blüte der Jugend: Wir sammelten die Blüten der Erde in unseren Händen, Blumen pflückten Blumen – Sträuße von sanftem Krokus, Iris und Hyazinthen, Rosenknospen und Lilien – ein prachtvoller Anblick. Und da war eine Narzisse – die weite Erde hatte sie hervorgebracht, herrlich wie ein Krokus, ein Juwel – und in Ekstase erblickte ich sie und pflückte sie, aber die Erde gab nach unter mir und aus ihr brach der große Herrscher Hades hervor, der viele empfängt. In seinem goldenen Wagen führte er mich unter die Erde, und ich wehrte mich voller Widerwillen mit schrillem Jammergeschrei.

›So elend es mich auch macht, habe ich dir doch die ganze Wahrheit erzählt.‹

So waren sie einträchtig beisammen und trösteten einander den ganzen Tag. Ihre Umarmungen linderten schließlich ihren Schmerz, und jede gab und empfing Freude. Dann kam Hekate zu ihnen, die einen zarten Schleier trägt, und auch sie liebkoste die Tochter der heiligen Demeter, und von dieser Zeit an war Hekate die Dienerin und Begleiterin der Persephone.

Zeus, der Donnergott, sandte eine Botin zu ihnen, Rheia, deren Haar in reichen Flechten wuchs, wie nur das Haar einer Göttin es kann, und sie wurde geschickt, um Demeter zurückzugeleiten; Demeter, deren Gewänder von dunklem Purpur sind, zurück zur Schar der Götter. Darauf versprach ihr Zeus jede gewünschte Ehre von den unsterblichen Göttern. Und er gab sein Einverständnis zu dem Plan, daß das Mädchen den Dritteil jedes Jahreskreises im Dunkel verbringen sollte, wo die Sonne untergeht, die andere Zeit aber bei ihrer Mutter und den übrigen Unsterblichen. So sprach er, und die Göttin widersetzte sich Zeus' Botschaft nicht. Rasch eilte sie hinunter von den Gipfeln des Olympos und begab sich auf die Rarische Ebene.

Früher war diese Ebene das reichste der lebensspendenden Gefilde, aber in jener Zeit trug sie überhaupt kein Leben; wüst und leer und völlig ohne Blätter lag sie da. Und die weiße Gerste lag unter der Erde verborgen nach Demeters Plan. Aber bald einmal, als der Frühling voranschritt, sollte sie wogen von langen Ähren wie eine Mähne im Wind, und ihre fruchtbaren Furchen sollten sich füllen mit geerntetem Korn, während andere Ähren zu Garben gebunden würden. Auf diesem Gefilde landete sie zuerst aus dem unermeßlichen Himmel. Als die Göttinnen einander erblickten, umarmten sie sich und frohlockten in ihren Herzen. Dann sprach Rheia, die einen zarten Schleier trug:

[462-70: beschädigt; Rekonstruktion unsicher]

›Komm, mein Kind, Zeus, der Donnergott, ruft dich, du sollest zur Schar der Götter zurückkehren, und er versprach, dir alle gewünschten Ehren von den anderen Unsterblichen zu geben. Er war damit einverstanden, daß deine Tochter den Dritteil jedes Jahreskreises im Dunkel verbringen sollte, wo die Sonne untergeht, und die andere Zeit bei dir und den übrigen Unsterblichen. So, sagte er, solle es sein, und er nickte zustimmend mit dem Kopf. So komm nun, Kind, und gehorche und beharre nicht länger auf deinem Streit mit dem stürmischen Sohn des Kronos, sondern gib der Menschheit erneut die Früchte der Erde.‹

So sprach sie. Und Demeter widersetzte sich ihr

nicht, denn sobald sie fertig geredet hatte, ließ sie Frucht aus dem reichen Ackerland hervorschießen, und die ganze weite Welt wurde schwer von Blumen und Laub. Dann begab sie sich zu den Königen, den Wahrern des Rechts, Triptolemos und Diokles dem Pferdetreiber, und zum mächtigen Eumolpos und zu Keleos, dem Führer seines Volkes. Ihnen zeigte sie die Ausführung ihrer Riten und lehrte sie ihre Mysterien – heilige Riten, die Ehrfurcht gebieten, die niemand verletzen oder enthüllen oder in Worten ausdrücken darf, denn eine überwältigende Ehrfurcht vor den Göttern läßt seine Stimme verstummen. Wer unter den Menschen, die auf der Erde gehen, diese Mysterien gesehen hat, ist selig, aber wer nicht eingeweiht ist und nicht an dem Ritual Anteil hatte, dem wird nicht dasselbe Los beschieden sein wie den anderen, wenn er einmal tot ist und sich im Moder aufhält, wo die Sonne untergeht.

Und als die Göttin unter den Göttinnen ihnen alles beigebracht hatte, ging sie auf den Olymp, um in der Gesellschaft der übrigen Götter zu verweilen. Dort leben die beiden Göttinnen bei Zeus, der sich am Donnerschlag ergötzt, und sie sind heilig und hochverehrt.

Selig ist unter den Menschen, die auf der Erde gehen, der, den die Göttinnen lieben, denn bald senden sie Plutos in sein großes Haus als Gast an seinem Herd; Plutos, der den sterblichen Menschen Reichtum bringt.

Doch kommt nun, ihr Göttinnen, die ihr über der Stadt Eleusis waltet, wo Weihrauch die Luft mit Duft erfüllt – ihr beiden, die ihr auch im meerumspülten

Paros herrscht und im gebirgigen Antron – du, Herrscherin Deo, die du die Jahreszeiten bringst und strahlende Gaben schenkst, du und deine schöne Tochter Persephone, kommt nun und gewährt mir ein leichtes Leben für meinen Gesang. Und sei mir einst wieder vergönnt, euch einen Gesang zu singen.

Nach der englischen Übertragung von Danny Staples

SECHSTES KAPITEL. DOKUMENTATION

Die eleusinische Vision

Außer dem Namen hat heute die Heilige Straße nichts Heiliges mehr. Sie führt zwischen baufälligen Läden und Industriegebäuden aus der ehemaligen Altstadt von Athen hinaus, dann durch trostlose Vorstädte, wo sie langsam dem niedrigen Rücken des die Attische Ebene im Westen begrenzenden Berges entgegensteigt. Auf der Paßhöhe legten im Altertum die Reisenden eine Pause ein, um in einem dem Apollon geweihten Lorbeerhain zu rasten. Diese Lobeerbäume geben noch heute dem Ort seinen Namen, doch wurde dort schon vor langer Zeit ein Kloster erbaut, um die Erinnerungen an die heidnischen Wanderer auszutilgen; und im umliegenden Pinienwald findet jetzt das jährliche Weinfest von Daphni statt. Vom Bergrücken führte die Straße in die fruchtbare Rarische Ebene hinunter, die als Ursprungsgebiet des Getreideanbaus galt. Heute ist die Ebene das höchstindustrialisierte Gebiet von Griechenland; die Straße folgt zwar noch ihrem ursprünglichen Verlauf dem Meer entlang, doch in der engen Bucht von Salamis, wo die Athener einst die weit überlegene persische Flotte besiegten, drängen sich jetzt die Tanker, die dort vor Anker liegen und ihr Öl in die vielen Lagertanks entladen. Der Weg nach Eleusis war ehemals so etwas wie die Darstellung einer Reise in die ›Andere Welt‹, um die Tochter der Kornmutter Demeter vom Tode zurückzuverlangen, da nur das Mysterium der Wiedergeburt die Trauer der Mutter über den Verlust ihres Mädchens besänftigen konnte. Der Reisende auf der modernen Autobahn übersieht leicht die brackigen Wasserläufe, die man einer unterirdischen Quelle entsprungen glaubte und die einst die Grenze zwischen den beiden Bereichen bildeten.[1] Ein Mensch namens Krokon soll als erster auf der anderen Seite geweilt haben, als Ehemann der Eleusinierin Saisara, deren Name als Bezeichnung für die Königin der Toten verwendet wurde. Bezeichnenderweise hatten nur die Priester das Recht, in diesen Gewässern zu fischen, denn es waren die erblichen Inhaber dieses Amtes, die den Übergang vom Leben zum Tod regelten; einen Prozeß, den der eleusinische Glaube als metaphysische Vereinigung von Liebenden über trennendes Gewässer hinweg betrachtete. In Eleusis selbst war die Religion, zu der hin der antike Reisende unterwegs war, durch die Festungsmauer des Heiligtums vor unbefugten Blicken geschützt, und die zentrale Lehre wurde nur jenen vermittelt, die unter Androhung der Todesstrafe Geheimhaltung gelobt hatten und eine lange Vorbereitung auf die Einweihung auf sich nahmen. Heute sind die Mauern zu Ruinen zerfallen, und der moderne Tourist kann ungehindert in das verbotene Gebiet eindringen – doch das Geheimnis ist nicht mehr da. Ein Jahrhundert archäologischer Ausgrabungen konnte nur die Trümmer aus dem Heiligtum ausräumen, das nicht die Zeit allein zerstörte, sondern auch der erbitterte Haß eines rivalisierenden Glaubens: das Mysterium von Eleusis hatte der neuen Religion erfolgreich Konkurrenz gemacht, und im vierten Jahrhundert der christlichen Zeitrechnung fand es schließlich ein gewaltsames Ende nach fast zwei Jahrtausenden, in denen es die meiste Zeit den bedeutendsten geistlichen Halt für die gesamte hellenisierte Menschheit gebildet hatte.

Das entweihte Heiligtum hat seine Numinosität eingebüßt, all seine Götter sind längst tot oder vertrieben. Doch in Athen können wir, etwa sechs Meter unter dem Niveau der modernen Stadt, noch heute einen Teil der Heiligen Straße betreten, an der Stelle, wo sie zum Stadttor hinaus und durch die Grabmäler des antiken Friedhofs hindurchführt. Von dieser Grabungsstelle aus entschwindet die störende Stadt unserem Blick, und wir können über die Jahrhunderte hinweg direkt zur Akropolis hinaufschauen. Im sumpfigen Gelände entlang der Straße steht das Schilf in voller Blüte, und zwischen dem Quaken der Frösche erwarten wir fast noch die jauchzenden Rufe der Initianden zu hören, die wie im Eleusinischen Chor der *Frösche* von Aristophanes auf dem Weg nach Eleusis Iakchos beschwören. Dieser Iakchos war es, der sie dann zum Mysterium führte. In einem Chor aus Euripides' *Ion* bleibt uns ebenfalls etwas von den antiken Jubelrufen bewahrt.[2] Dort ist von der heiligen sechsten Nacht die Rede, als die Initianden schließlich beim heiligen Brunnen neben dem Tor zum Heiligtum von Eleusis ankamen. Hier tanzten und sangen sie ohne Schlaf die Nacht hindurch zu Ehren des Dionysos und der heiligen Mutter und ihrer Tochter, Demeter und Persephone. Und in ihrem Reigen tanzten auch der

Sternenhimmel und der Mond und alle fünfzig Töchter des Okeanos mit, die aus Flüssen und aus dem Meer heraufstiegen.

Die halluzinatorische Natur dieses tanzenden Universums war das Vorspiel zu den Gesichten, welche die Initianden nach dem Eintritt in das Heiligtum erwarteten; denn hier, in der Einweihungshalle, wo sie sich in der Dunkelheit zusammendrängten, sahen sie etwas, das den Fortbestand der Existenz über das Grab hinaus zur Gewißheit werden ließ; das ›Ende des Lebens sowohl wie seinen gottgeschenkten Anfang‹, wie der Dichter Pindar schrieb.[3] Und genau dies war das große Dilemma der Eleusis-Forschung, denn etwas muß dort zu sehen gewesen sein. Alle unsere antiken Zeugnisse betonen diese Tatsache, vom Dichter der Homerischen Hymne an Demeter bis zu den Tragikern Sophokles und Euripides.[4] Man habe das Heilige, *ta hiera*, gesehen: so durfte man ungestraft vom Mysterium sprechen.[5] Bis zu diesem Augenblick war der Initiand ein *mystes*, der vor der Welt die Augen verschlossen hatte;[6] diesen Zustand erreichte er durch die vorbereitende Einweihung des Kleinen Mysteriums von Agrai.[7] Doch in Eleusis hatte man die Vision, die *epopteia*, und wurde jemand, der gesehen hatte, ein *epoptes*. Aber die Archäologen haben in Eleusis das Heilige, *ta hiera*, nicht gefunden, obschon sie es eigentlich erwartet hatten; und in Ermangelung eines Ausgrabungsobjekts hinderte nichts die Gelehrten daran, sich unter diesen *hiera* vorzustellen, was ihnen beliebte: Reliquien aus der mykenischen Vergangenheit oder phallische Symbole oder vielleicht die *kteis*, die sogenannten *pudenda mu-*

liebria. Diese sakralen Gegenstände wurden angeblich in einem kleinen Gebäude oder einer freistehenden Kammer innerhalb der Einweihungshalle aufbewahrt; im Augenblick der Offenbarung soll der Hierophant eine darin eingelassene Tür geöffnet und inmitten eines großen Lichtscheins *ta hiera* gezeigt haben.[8]

Das scheint zwar tatsächlich der Fall gewesen zu sein, doch konnten ihn dabei wenige der Initianden sehen, denn das *telesterion*, die Einweihungshalle, war, wie die archäologische Ausgrabung nun zeigt, kein Theater und war auch in anderer Hinsicht völlig ungeeignet, um die Tätigkeit des Hierophanten zur Schau zu stellen. Das Gebäude wurde verschiedentlich umgebaut und vergrößert, um der wachsenden Zahl der Initianden Platz zu bieten, doch wurde bei allen Veränderungen eine grundlegende Struktur beibehalten: das *telesterion* war ein rechteckiges Gebäude, das um eine viel kleinere rechteckige Kammer herum gebaut war, das *anaktoron*, den ›Aufenthalt des Herrn‹. Zumindest im späteren *telesterion* war das Dach über diesem *anaktoron* als ›Laterne‹ konstruiert, die das einzige Außenlicht einließ und als Lüftung für Fackeln und Feuerstellen diente. Die topographische Lage des *anaktoron* blieb bei allen Umbauten praktisch konstant der Standort des ältesten mykenischen Originals. Seine relative Lage innerhalb des *telesterion* jedoch änderte sich von einer Periode zur anderen. Auf einer Seite hatte das *anaktoron* eine Tür, neben welcher der hochlehnige und überdachte Thron des Hierophanten stand, der ihm Schutz vor dem großen Feuer im Innern des *anaktoron* bot. Der innere Umkreis des *telesterion* bestand aus mehreren gegen die Wand zu ansteigenden Stufen. Hier saßen oder standen vermutlich die Kandidaten, während sich andere vielleicht auch auf dem Hauptboden der Halle befanden. Offensichtlich war die Sicht aus vielen Winkeln verdeckt. Angesichts des Waldes von Säulen, die das Dach stützten, der hohen Lehne des Throns des Hierophanten und der Sakralkammer selbst, die alle die Sicht behinderten, mußte es für viele Kandidaten in der Halle unmöglich sein, zu sehen, was der Hierophant im Augenblick der ›Vision‹ tat.

Zudem scheinen die *hiera* bemerkenswert mobil gewesen zu sein, denn obwohl sie normalerweise in der Kammer waren und nur in verschlossenen Körben verborgen zu Prozessionen aus dem Heiligtum herausgenommen wurden, konnte sie Alkibiades profanerweise in seinem Haus in Athen einer Gruppe von Freunden zeigen.[9] Die Entweihung war zwar ein großer Skandal, aber zu keinem Zeitpunkt dachte jemand daran, die Priester der Komplizenschaft zu bezichtigen, weil sie die Entführung der *hiera* aus dem Heiligtum gestatteten. Würden nicht alle unsere Quellen ausdrücklich von einer Vision in Eleusis sprechen, hätten die Gräzisten sogar ohne Schwierigkeiten zu dem Schluß gelangen können, daß sich die *hiera* nicht auf bestimmte Gegenstände zu beziehen brauchten, sondern auf den gesamten Bereich des Heiligen, die religiöse Erfahrung und das Zeremoniell.[10]

Herakles soll genauere Angaben über das Gesehene gemacht haben. Es war Persephone selbst. In einem Papyrusfragment stellt er fest, er habe die Einweihung nicht nötig gehabt, weil er sie bei seinem Abstieg in den

Hades schon gesehen habe.[11] Nach Euripides war es diese Vision, die es ihm möglich machte, über den Tod zu triumphieren und wie sie aus der anderen Welt zurückzukehren.[12] Auch hier müssen wir daran denken, daß die Einweihungshalle kein Theater war. In den Rechnungsbüchern sind keine Ausgaben für Theaterrequisiten oder Schauspieler in Eleusis aufgeführt. Außerdem ist es nicht wahrscheinlich, daß die in der dramatischen Kunst so bewanderten Griechen auf irgendwelche bühnentechnischen Tricks hereingefallen wären. Nicht Schauspieler waren zu sehen, sondern Persephone; ein *schema ti*, irgendeine Form oder Erscheinung, die über dem Boden schwebte, wie eine Quelle erwähnt.[13] Platon bezeichnete das Gesehene ausdrücklich als *phantasmata*, als geisterhafte Erscheinungen.[14] Die Einweihungshalle füllte sich mit Geistern, wie Pausanias uns in einem Bericht über einen in der Folge umgekommenen Eindringling in die Zeremonie wissen läßt.[15] Zweifellos war die allgemeine Erwartung solcher Vorgänge in Eleusis verantwortlich für die zahlreichen Zeugnisse von Leuten, die behaupteten, sie hätten eine Staubwolke über der Heiligen Straße gesehen und die Iakchos-Rufe gehört, als die Geister allein die Zeremonie durchführten, weil alle Athener vor dem Einfall des persischen Heeres geflohen waren.[16]

Es wird deutlich, daß in der Einweihungshalle eine halluzinatorische Wirklichkeit inszeniert wurde, und da zeitweise bis zu dreitausend Eingeweihte – mehr als die Einwohnerschaft einer gewöhnlichen antiken Stadt[17] – alljährlich programmgemäß einer solchen

Vision teilhaftig wurden, scheint offenbar eine psychotrope Droge im Spiel gewesen zu sein. Wie uns der Christ Clemens abschätzig enthüllt, waren die *hiera* in den mystischen Körben in Wirklichkeit bloß verschiedenartige Nahrungsmittel.[18] Auf diese Weise konnten natürlich Alkibiades und die anderen Teilnehmer an den Profanierungen des Jahres 415 ohne Schwierigkeiten zu *hiera* für ihre weltlichen Feste gelangen, denn diese Entweihungen waren, wie man feststellte, wiederholt bei gesellschaftlichen Anlässen vorgekommen, etwa im Rahmen von Diners[19] mit betrunkenen Freunden[20] in einigen der besten Patrizierhäuser der Stadt. Und tatsächlich wissen wir, daß die Einnahme eines besonderen Trankes, des *kykeon*, einen wesentlichen Teil des Mysteriums bildete.[21] Die Ingredienzen dieses Tranks sind in der Homerischen Hymne an Demeter erwähnt: Gerste (*alphi*), Wasser und Minze (*glechon*).[22] Watkins hat nachgewiesen, daß die Prozeduren und Zutaten für die Zubereitung solcher magischen und rituellen Getränke in den griechischen Quellen in ihrer Formulierung exakte Übereinstimmungen mit dem vedischen Somaritual zeigen, und er kommt zu dem Schluß, daß diese Übereinstimmungen nicht zufällig sein können, sondern als Hinweis darauf betrachtet werden müssen, daß das griechische Muster auf den rituellen Trank der indoiranischen Religion zurückgeht. Jener Trank ist halluzinogen, aus verschiedenen Bestandteilen gemischt und wird immer von einer Frau zubereitet oder durch die Zugabe von Milch als weiblich markiert; er kommt immer in ein besonderes Gefäß und wird im Sitzen getrunken.[23] Im Zusammenhang mit diesen Übereinstimmungen in den Formeln ist es interessant festzustellen, daß Priesterinnen die Zeremonie des Mischens des heiligen Trankes durchführten und daß die Einweihungshalle in Eleusis Sitzgelegenheiten für die Initianden in Form der Stufenreihen entlang den Innenwänden bot.

Außerdem spielt beim Trinken des *kykeon* ein besonderes Gefäß eine Rolle. Leider ist der Name dieses Gefäßes in der Hymne an Demeter nicht erhalten, da die entsprechende Stelle, wo Demeter den Trank erhält, im Originalmanuskript (etwa 22 bis 26 Zeilen) beschädigt ist.[24] In einer orphischen Hymne,[25] wo Baubo den *kykeon* anstelle von Iambe anbietet, wird das Gefäß mit *angos* bezeichnet, dem allgemeinen Wort für ›Gefäß‹ oder ›Schale‹, ergänzt durch ein Beiwort mit der möglichen Bedeutung, daß es aus Metall verfertigt war. Mehrere solche Gefäße kommen auf eleusinischen Abbildungen vor, wo sie als Emblem des Mysteriums selbst zu dienen scheinen. Wie anhand der eleusinischen Karyatide ersichtlich ist, war das Gefäß eine elegante Schale mit zwei Griffen, einem Fuß und einem Deckel; die Griffe waren manchmal mit Kornähren verziert als Hinweis auf die Symbolik des Tranks, und den Deckel hatte man mit einer Schnur oder einem Band angebunden, offenbar um ihn beim Transport festzuhalten, denn das Gefäß wird auf den Darstellungen manchmal von Frauen auf dem Kopf balanciert.[26] Wir können mit ziemlicher Sicherheit annehmen, daß der Kandidat den Trank aus einem solchen Gefäß erhielt. Da es scheint, daß die Gefäße zum Ort des Mysteriums getragen wurden, ist es wahrscheinlich, daß die Kandidaten ihre eigenen Gefäße mitbringen mußten und sie vielleicht zur Erinnerung an den Anlaß behielten; andernfalls hätte man sie wohl in größerer Anzahl bei den Ausgrabungen in Eleusis gefunden.

Das Mischen des Tranks bildete einen Teil der nach dem Eintritt der Kandidaten in die Einweihungshalle durchgeführten Zeremonie. Dabei spielte ein anderes Gefäß, der *kernos*, eine Rolle; seine Form und Symbolik helfen uns beim Verständnis der Bedeutung des Rituals und des Tranks. Sein Name scheint aus vorgriechischen Zeiten zu stammen,[27] und er fand Verwendung im Dienst der Großen Göttin Rhea, der Mutter des Zeus.[28] Der *kerchnos* war vermutlich dasselbe Gefäß,[29] seinen Namen hatte er von der Art und Weise seiner Herstellung durch ›Aufrauhen‹ oder Treiben von Metall,[30] außerdem wurde er auch mit Korn in Verbindung gebracht, denn *kerchnos* wird manchmal als gleichbedeutend mit *kegchos*, ›Körnchen‹, ›Saatkorn‹ oder ›Hirse‹, interpretiert.[31] Wir finden solche goldenen *kerchnoi* in den Aufzeichnungen zu dem im Eleusinion in Athen aufbewahrten Schatz erwähnt,[32] und eine ganze Anzahl Exemplare von *kerna* (Mehrzahl von *kernos*) sind in Eleusis gefunden worden. Die *kerna* bestehen aus einer zentralen Schale, die von vielen fest mit ihr verbundenen kleineren Näpfen umgeben ist; diese Näpfe sollen eine Reihe von pflanzlichen und tierischen Produkten enthalten haben, genauer gesagt Salbei, weiße Mohnsamen, Weizen- und Gerstenkörner, Erbsen, Wicken, Okra-Samen, Linsen, Bohnen, Reis, Hafer, getrocknete Früchte, Honig, Öl, Wein,

Milch, Ei und Naturwolle.[33] Diesen Produkten kann allerdings bloß symbolische Bedeutung in bezug auf die in der zentralen Schale enthaltene Substanz zugekommen sein, denn bei einigen uns erhalten gebliebenen Versionen des *kernos* sind die äußeren Näpfe zu bloßen Andeutungen reduziert, die nichts enthalten konnten. Das Wichtige war der Inhalt der inneren Schale, und der *kernos* stellte diese Substanz als eine Art Krönung der Pflanzen- und Tierwelt dar. Außerdem macht seine Form den *kernos* ungeeignet als Trinkgefäß, so daß wir in ihm offenbar den Behälter einer wichtigen Zutat für die Mischzeremonie sehen müssen.

Im Verlauf der Einweihung nahm der Hierophant den *kernos* (oder die *kerna*) aus dem Schrein oder Tabernakel, um das Gefäß den sogenannten ›*kernos*-Trägerinnen‹ zu übergeben, Priesterinnen, die es tanzend auf dem Kopf balancierten, wobei anscheinend in einigen der äußeren Näpfe Lampen brannten,[34] wenigstens in den Fällen, wo der *kernos* entsprechend konstruiert war. Offenbar beaufsichtigten diese Frauen dann das eigentliche Mischen des *kykeon* in Gefäßen (*kernoi* genannt), die vermutlich größer waren, um die Zubereitung der großen Mengen zu ermöglichen, die notwendig waren, um die vielen Schalen zu füllen, aus denen die Initianden anschließend tranken. Die berauschende Natur jenes Trankes wird durch die Tatsache angedeutet, daß sowohl die *kerna* wie die *kernoi* als ›*krateres* (Mischgefäße) für das Mysterium‹ bezeichnet wurden:[35] normalerweise wurde der *krater* für das zeremonielle Mischen von Wein verwendet, eines in Eleusis verbotenen Getränks; doch ist dieser Begriff auch zur Bezeichnung des Geschirrs für das Mischen anderer Getränke zu erwarten, besonders wenn es sich dabei wie beim Wein um Rauschmittel handelte.

Polemon, ein Philosoph aus der christlichen Zeit, hat beschrieben, wie der Hierophant bei einer solchen eleusinischen Kommunion amtierte. ›Anschließend‹, schrieb er, ›führt der Hierophant die Einweihung durch und nimmt die Dinge aus der Kammer und verteilt sie an all jene, die den *kernos* (im Tanz) herumtragen werden . . . Dann hebt er den *kernos* in die Höhe wie jemand, der den *liknon*, den Worfelkorb, hält, und kostet diese Dinge.‹[36]

Es war also der Hierophant, der zuerst trank; dann folgten die Kandidaten seinem Beispiel und lauschten im verdunkelten *telesterion* seinem Singsang in Erwartung des Augenblicks der Offenbarung – einer Vision, die vermutlich durch den eingenommenen Trank herbeigeführt wurde, denn sie war von Symptomen der Drogenerfahrung wie kaltem Schweiß und Schwindelgefühlen begleitet.[37] Die Bedeutung jener Erfahrung war durch monatelange Rituale eingeprägt worden. In Eleusis hatte die letzte Belehrung aus einem Hantieren mit den heiligen Objekten bestanden, die in den *kistai*, den auf dem Heiligen Weg nach Eleusis mitgeführten verschlossenen Körben, enthalten waren. Auch hier erhalten wir Einblick in eine besondere Symbolik (ähnlich derjenigen der verschiedenen Gegenstände in den Näpfen des *kernos*), die Zeugnis gibt von einer komplexen Strukturierung des Pflanzen- und Tierreichs, wie sie sich aus der Durchführung des

Mysteriums ergab: wir erfahren nämlich, daß diese *kistai* heiliges Backwerk von unterschiedlicher Form und Bedeutung enthielten; Salzkugeln, Granatäpfel, Mohnblumen, Feigenäste, eine Schlange, den *thyrsos*, typische Gegenstände aus den verschiedenen Lebensbereichen von Mann und Frau, und die mystischen Embleme des mänadischen Dionysos und der Themis, der Göttin, die ihr himmlisches Einverständnis zu der Welt gab, die da entstehen sollte.[38] Diese Ritualhandlungen, die sogenannten *dromena* der Einweihung, waren von Textrezitationen, den *legomena*, begleitet. All diese Dinge waren geheim, und was wir aus späten Quellen über sie erfahren, stammt von Leuten, die ihre Bedeutung nicht verstanden oder sich nicht darum kümmerten.

Die Identität der Droge im *kykeon* muß ebenfalls zum Geheimnis gehört haben, zu den *aporrheta*, den Dingen, die nicht gesagt werden sollten; doch war nach Aristoteles das Mysterium eine Erfahrung und nicht etwas Erlerntes.[39] Im Grunde war es *arrheta*, unsagbar. Beide Ebenen des Verbots galten für das Mysterium. Die Droge und die um sie herum entstandenen ethnobotanischen Mythen programmierten die Initianden auf eine homogene, aber im wesentlichen unkommunizierbare Offenbarung hin; ein so tiefgründiges Wissen, daß es selten der Wiederholung bedurfte. Die Speisen der Erde nahmen emotive und symbolische Werte an und wurden durch Konnotationen strukturiert, die magische Verzweigungen bis in die grundlegenden Ordnungsmuster der zivilisierten Gesellschaft und ihrer Entsprechungen zu metaphysischen

Wirklichkeiten aufwiesen. Das Leben selbst wuchs wie eine Pflanze, es wurde vom Tod, dem unvermeidlichen Aufenthalt in chthonischer Finsternis, wiedergeboren; und die Götter unter und über der Erde, jene, deren Vorrecht ewiges Sterben war wie auch jene, denen immerwährendes Leben beschieden war, kamen versöhnt zusammen. Bei dieser Vermittlung war das Korn als Kulturpflanze der endgültige Fürst, der sterbende Held, der immer wieder in die himmlischen Gefilde hinaufstieg, um den Schmerz der Göttin Demeter über die Sterblichkeit all ihrer Kinder zu lindern. *Alphi*, eine Gerstenähre, war die letzte Offenbarung von Eleusis,[40] aber wenn wir das Mysterium verstehen wollen, müssen wir zuerst den Verlust spüren und die dunklen Geschwister des Fürsten kennenlernen.

Das kleine Mysterium

In Agrai an den Ufern des Ilissos wurde ein Kandidat zuerst zum *mystes* durch die mimische Darstellung von Persephones Entführung durch Hades.[41] Die Zeit war Anthesterion, der Blumenmonat, der ungefähr unserem Februar entspricht, aber in Griechenland in die kalte Winterszeit fällt, wenn die Zwiebelgewächse blühen. Persephone war mit den Töchtern des Okeanos an einem Ort namens Nysa beim Blumenpflücken, als sie auf einen hundertköpfigen *narkissos* stieß, den die Mutter Erde in verschwörerischer Abrede mit dem Herrn des Todes und seinem Bruder im Himmel speziell für sie bereitet hatte.[42] Und so nahm das Mysterium seinen Anfang, denn die Pflanze war ein Narkotikum, das nach dem Glauben der Griechen[43] seinen Namen der von ihm bewirkten Betäubung verdankte, und Persephone wurde in ihrer heiligen Hochzeit über das Wasser ins Reich des Todes entführt. Noch in türkischer Zeit stand am Abhang des Hymettos bei Agrai ein kleiner Tempel mit einem Fries, der den Raub der Hyakinthiden, Töchter der Blume *hyakinthos*, genannten Mädchen darstellte.[44] Eine dieser Hyakinthiden war Oreithyia,[45] die an dieser Stelle von Boreas geraubt wurde. Oreithyias Name ist eine offenkundige Bezeichnung für eine Frau, die auf einem Berg in Ekstase fällt, und Platon erzählt eine rationalisierte Version ihrer Geschichte, in der sie bloß vom Wind den Berg hinuntergeweht wird, während sie mit einer Gefährtin namens Pharmakeia, die ›Verwendung von Drogen‹, spielt.[46] Der Enkel dieser Oreithyia war Eumolpos, der ›schön Singende‹, der erste Hierophant von Eleusis.[47] Sein Sohn war Keryx, der ›Herold‹, von dem das andere der beiden eleusinischen Priestergeschlechter abstammte.[48] Diese Überlieferungen sind unzweideutig. Die Priesterschaft von Eleusis praktizierte eine Art von Kräuterkunde, und die ekstatische Entführung der Persephone wurde im Zusammenhang mit dem rituellen Sammeln eines magischen oder psychotropen Zwiebelgewächses erfahren. Eine Bestätigung dafür finden wir in den *Wolken* des Aristophanes, wo eine Mysterieneinweihung als Suche nach Zwiebeln auf dem Weg in die Unterwelt parodiert wird.[49] Es sei auch daran erinnert, daß Eurydike,[50] Kreusa[51] und Helena[52] alle ebenfalls beim Blumenpflücken die Erfahrung der heiligen Hochzeit mit dem

Tod machten. Derartige ekstatische Rituale im Zusammenhang mit Blumen hatten in der griechischen Religion eine äußerst lange Tradition und sind auf Vorläufer aus der minoischen Zeit zurückzuführen.[53]

Die Indentität des Entführers bei diesen ekstatischen Erfahrungen war kein Geheimnis, denn obschon er als Herr der abgeschiedenen Geister Hades genannt wird, wissen wir von Heraklit, daß er in solchen Zusammenhängen dem Dionysos entsprach.[54] So können wir verstehen, weshalb Persephone ihre Blumen in Nysa pflückte, denn etymologisch war Dionysos der Zeus oder Dios von Nysa; die Form, die der Himmelsgott annahm, wenn er sich in Übereinkunft mit seinem unterweltlichen Bruder verkörpern wollte. Aber auch ohne das Zeugnis Heraklits ließ sich die Gegenwart des Dionysos erahnen, denn er war die Gottheit der Rauschmittel, und seine Anhängerinnen, die Mänaden, fielen beim Gottesdienst ekstatischer Besessenheit anheim. Diese Mänaden sammelten auch Pflanzen an Berghängen, wie aus ihrem Emblem, dem *thyrsos*, einem mit Efeublättern gefüllten Fenchelstengel, ersichtlich ist. Theophrast berichtet, daß Kräutersammler ihre Ernte in hohle, fenchelartige Stengel zu füllen pflegten, um sie frisch zu halten,[55] und der Efeu, den die Mänaden in ihren *thyrsoi* hatten, war im Altertum für seine psychotropen Eigenschaften bekannt.[56] Zudem war Nysa der allgemeine Name für den Ort, wo mänadische Rituale abgehalten wurden[57] und verwandt mit den Wörtern für Schlaf, Brautschaft und Efeu.[58]

Diese Mänaden waren nicht bloß trunkene, sondern verrückte Frauen. Das Griechische unterschied nicht zwischen Verrücktheit und Trunkenheit, da Dionysos der Gott sämtlicher Rauschmittel und nicht allein der des Weins war. Der Grund, weshalb er mit allen psychotropen Pflanzen in Verbindung gebracht wurde, ist in der Natur des griechischen Weins zu suchen. Wie der Wein bei den meisten primitiven Völkern[59] enthielt der griechische Wein nicht nur Alkohol als einzigen berauschenden Bestandteil, sondern war normalerweise eine Mischung aus verschiedenen Rauschmitteln. Ungeachtet einer Neigung zum Puritanismus in der klassischen Altertumsforschung können wir dies mit absoluter Sicherheit feststellen. Da die Kunst des Destillierens in Europa bis zum Mittelalter unbekannt war, konnte der Alkoholgehalt des griechischen Weins nicht höher als etwa vierzehn Prozent betragen: bei dieser Konzentration war der durch natürliche Gärung entstandene Alkohol für die ihn produzierenden Hefepilze tödlich, und damit kommt der Prozeß zum Stillstand. Stärkere Weine können nur erzeugt werden, indem man das Getränk mit zusätzlichem, durch Destillation gewonnenem Alkohol versetzt; bloßes Verdampfen[60] erhöht den Alkoholgehalt nicht, da der Alkohol, dessen Siedepunkt tiefer als derjenige des Wassers ist, bloß in die Luft entweicht und anstelle eines stärkeren ein schwächeres Endprodukt zurückläßt. Der Alkohol selbst war unbekannt, und das Altgriechische kennt kein Wort dafür.

Dennoch war der griechische Wein äußerst berauschend; ein Umstand, für den also die anderen Toxine verantwortlich sein müssen. In Homers *Odyssee* macht der Held den Polyphem mit einem Wein betrunken, der so stark ist, daß man ihn normalerweise mit zwanzig Teilen Wasser vermengt hätte.[61] Der listige Odysseus verdünnt dem Unhold den Wein nicht. In Euripides' *Kyklops* wird Polyphem von einem einzigen Schluck dieses selben unverdünnten Weins betrunken.[62] Zur Zeit des Plinius war dieser Wein noch bekannt, und ein römischer Konsul erklärte, er habe herausgefunden, daß mindestens acht Teile Wasser notwendig seien, um ihn gefahrlos trinken zu können.[63] Die Griechen erachteten ganz allgemein ihre sämtlichen Weine für zu berauschend, um unverdünnt getrunken werden zu können, und verdünnten sie üblicherweise mit Wasser, wobei das beliebteste Mischungsverhältnis ein Teil Wein auf drei Teile Wasser war.[64] Ein antiker Connaisseur wußte seine Weine zu kombinieren, um bestimmte Wirkungen hervorzurufen,[65] denn wir können nachweisen, daß die verschiedenen Toxine diametral entgegengesetzte Symptome erzeugten.[66] Von einem Komödiendichter haben wir zudem die Beschreibung eines Gelages, wo das Trinken kleiner Becher verdünnten Weins stufenweise tiefere Berauschtheit bewirkt; der dritte Becher genügt, um den Trinker schläfrig zu machen, was darüber hinausgeht, führt zum Wahnsinn.[67]

Bei einem Symposion, einem geselligen Trinkgelage, wurde die Intensität des Rausches zeremoniell vom Leiter, dem *symposiarchos*, festgelegt, der bestimmte, welches Mischungsverhältnis angewandt wurde. Zusätzlich zu etwaigen bereits im Wein aufgelösten Toxinen[68] bot die Mischzeremonie Gelegenheit zur weiteren Veränderung der Eigenschaften des Weins durch die gebräuchliche Beigabe von Salben und Gewürzen.[69] Die psychotrope Natur dieser parfümierten Salben wird durch antike Zeugnisse belegt. Ebenso können Belege angeführt werden, die beweisen, daß tatsächlich berauschende Kräuter dem Wein zugesetzt wurden.[70] Zusätzlich zu diesen Zeugnissen haben wir in der *Odyssee* die literarische Darstellung der Helena als perfekte Gastgeberin, wie sie in ihrem Haus in Sparta *nepenthes*, was vielleicht Opium war, in den Wein gibt.[71] Und in Euripides' *Elektra* findet sich die spezifische Erwähnung eines starken Weins, von dem eine geringe Menge dem gewöhnlichen Wein hinzugefügt wird, um dessen Wirksamkeit zu verstärken.[72] Die Qualität eines Weins wurde als seine ›Blume‹ bezeichnet,[73] und ein Wein, dem es ›an Blume mangelte‹, ließ diesen Mangel in der Qualität des durch ihn bewirkten Rausches erkennen.[74] Diese Blume kann nicht das gewesen sein, was wir heute als Bouquet bezeichnen würden, da der Wein der alten Griechen nachweislich zur Hauptsache nach Harz roch, in der Art des heutigen Retsina.[75] Dieser Geruch stammte offenbar von dem Material, das zum Verschluß der Behälter verwendet wurde.

Die sakralen Zwecken vorbehaltenen Weine waren sogar noch berauschender als die für gesellige Anlässe bestimmten; nach Platon dienten sie nämlich dazu, Wahnsinn hervorzurufen.[76] Auf den Vasen für die mänadische Lenäenzeremonie ist dargestellt, wie in Gegenwart eines Standbilds des Gottes Dionysos dem Sakralwein während des Mischens Kräuter zugesetzt wurden.[77]

Die außerordentliche Giftigkeit des unverdünnten Weins ist ein weiterer Beweis dafür, daß der griechische Wein Kräuterzusätze enthielt. In einem Epigramm wird beschrieben, wie ein gewisser Erasixenos starb, nachdem er nur zwei Becher Wein unverdünnt hintereinander getrunken hatte.[78] Und in einer Komödie aus dem fünften Jahrhundert macht der Trinker eines einzigen Bechers sein Testament, bevor er sich das Getränk einverleibt.[79] Weiter wird von verschiedenen Philosophen berichtet, sie hätten am Ende ihres Lebens Wein getrunken, um das Sterben zu beschleunigen.[80] Ein Historiker beschreibt ein Wetttrinken, das ebenfalls die Giftigkeit des antiken Weins belegt, weil nämlich sämtliche Teilnehmer umkamen, einige sofort, andere innerhalb weniger Tage; der Sieger, der auch nicht mit dem Leben davonkam, hatte vier Krüge unverdünnten Wein getrunken.[81] Solcher Wein soll Kleomenes, dem verrückten König von Sparta, für immer die Sinne verwirrt haben.[82]

Es gibt sogar Belege dafür, daß griechischer Wein manchmal halluzinogen war. Bei den Anthesterien, einem nicht zu den Mysterien gehörenden Dionysosfest, das aber dennoch gewisse Zusammenhänge mit den Zermonien in Agrai aufwies,[83] wurde ausdrücklich von einer im Wein enthaltenen Droge gesprochen,[84] die für das Öffnen der Gräber und die Rückkehr der abgeschiedenen Geister nach Athen verantwortlich war. Dort nahmen sie an einem Festmahl teil, dessen halluzinatorische Natur auf vielen *choes*-Vasen mit Darstellungen von Szenen aus diesem Fest ersichtlich ist.[85] In den *Acharnern* des Aristophanes wünscht sogar jemand seinem Feind einen ›Horrortrip‹ bei den Anthesterien und hofft, er werde von einer irren Halluzination heimgesucht.[86] Noch deutlicher ist die Anfangsszene der *Wespen*, in der zwei Sklaven ihrem Elend zu entfliehen suchen, indem sie einen *Sabazios* – eine thrakische Entsprechung des Dionysos – genannten Trank zu sich nehmen: er bewirkt einen sogenannten ›persischen Schlummer‹, in dem sie merkwürdige Dinge sehen.[87] Zudem wurden bekannte Halluzinogene wie *mandragora* und Bilsenkraut hinsichtlich des von ihnen hervorgerufenen Rausches häufig mit Wein verglichen.[88]

Wie in allen anderen Kulturen wandten auch bei den Griechen die Kräuterkundigen beim Pflanzensammeln magische Prozeduren an. Trotz ihres nichtliterarischen Charakters sind uns verschiedene Aspekte dieser Überlieferungen erhalten. Man glaubte bespielsweise, Pflanzen würden einander durch bloße Nachbarschaft verunreinigen. So übertrug die Nieswurz ihren Wirkstoff auf die Reben, mit denen zusammen sie gepflanzt wurde,[89] und dies war der Grund, weshalb die Rebberge von Elea einen Wein mit abmagernder und harntreibender Wirkung lieferten.[90] Auch Schlangen beeinflußten Pflanzen durch ihre Gegenwart[91] oder beschafften sich umgekehrt ihr eigenes Gift durch das Fressen giftiger Kräuter.[92]

Gewisse Aspekte dieser botanischen Glaubensvorstellungen sind von besonderem Interesse im Hinblick auf die Zeremonien von Agrai und den Kult des Gottes Dionysos. Psychotrope Pflanzen wurden offenbar mit bestimmten Tieren in Verbindung gebracht, die als

Hüter der Pflanze und Personifizierung ihrer spirituellen Kraft galten.[93] So erschien beispielsweise Dionysos als Stier. Das Sammeln von Pflanzen war eine Jagd, und die Pflanze selbst hatte sowohl als Kind der Erde wie auch als Quelle ekstatischer Besessenheit eine sexuelle Identität, die sich in einer Art erotischer Symbolik äußern mußte. Auf einer außerordentlich expliziten Vase ist eine kräuterkundige Frau beim Abernten eines Gartens von *phalloi* zu sehen.[94] Agrai, wo das Kleine Mysterium gefeiert wurde, war das Jagdrevier der Göttin Artemis und hatte seinen Namen von *agra*, der ›Jagdbeute‹. Wir finden eine literarische Beschreibung eines solchen Jagdreviers im *Hippolytos* von Euripides, wo der jungfräuliche Held sich mit seiner Geliebten Artemis in einem von sittsamer Schamhaftigkeit, *aidos*, behüteten Jagdpark trifft; seit ihn jedoch seine Stiefmutter Phaidra in Athen, wohin er gegangen war, um die Vision von Eleusis zu erfahren, zum erstenmal gesehen hat, ist sie in leidenschaftlicher und verbotener Liebe zu ihm entbrannt und sehnt sich danach, als seine Geliebte in jenem Garten der jungfräulichen Sittsamkeit an die Stelle der Artemis zu treten. Als sie ihm ihre Liebe offenbart und abgewiesen wird, tötet sie sich vor Scham (*aidos*), indem sie vorgibt, wie Persephone von ihrem Geliebten geschändet worden zu sein. *Aidos*, dieses Prinzip der Schamhaftigkeit, ist das Gefühl, das durch das Sakrosankte hervorgerufen wird; durch jene Dinge, die nur in angemessenem Rahmen enthüllt werden dürfen. Dazu gehören die Geschlechtsorgane, die *pudenda*, oder wie sie von den Griechen genannt wurden, die *aidoia*.[95] Artemis hatte außerdem religiöse und rituelle Funktionen im Zusammenhang mit dem Ritus des Übergangs von der Jungfräulichkeit zur Mutterschaft, und in der tragischen Literatur findet die Hochzeit zwischen der Jungfrau und dem Hades wiederholt an einem blumenbewachsenen Ort statt, welcher der Artemis heilig ist.[96]

Die botanischen Überlieferungen schrieben den Pflanzen auch Emotionen zu, die der Sammler durch angemessene Gesten besänftigen mußte, um die durch das Trauma des Todes bei der gepflückten Pflanze entstandene Feindseligkeit abzuwehren. Dieselbe Pflanze konnte also je nach ihrer Einstellung gegensätzliche Wirkungen zeitigen.[97] Die Mänaden trachteten offenbar danach, ihren Gott zu besänftigen und zu kontrollieren, indem sie die Rollen seiner Mütter, Ammen und schließlich seiner Bräute annahmen. Die Mutter der Droge bereitete den Trank zu. Sie nahm das Verbrechen des Mordes auf sich. Im Gegensatz dazu waren die anderen Mänaden die guten Ammen, die für das von seiner grausamen Mutter im Stich gelassene Kind sorgten. Wenn es dann eingenommen wurde, war das Kind zum Mann herangewachsen, und die vormaligen Ammen wurden in erotischer Besessenheit durch die Droge zu Bräuten des Gottes.[98] Kind und Liebhaber waren natürlich identisch, und so sagte man oft von den Mänaden, sie hätten ihre eigenen Kinder verspeist[99] oder den Dionysos in der Form irgendeines Lebewesens roh verschlungen.[100] Die verhängnisvolle Rolle war die der Mutter, denn falls sie an der Ekstase teilhatte, konnte sie an der Besessenheit zugrunde gehen. So sagte man, die prototypische Mutter des Dionysos, Semele, sei von der als Amme verkleideten Hera zum Wunsch verführt worden, ihren Geliebten in seinem vollen Glanz zu erleben; als Blitz, der sie vernichtete und ihr Kind zeugte.[101] Es hieß auch, sie habe Dionysos empfangen, indem sie ihn in Form eines aus seinem Herzen zubereiteten Trankes in sich aufnahm.[102] Später wurde sie von diesem selben Sohn auferweckt, der dem Hades, seinem dunklen Ich, in Anerkennung der Ehe, die sie vom Tod erlöste, einen Myrtenzweig gab.[103] Nach ihrer Befreiung erhielt sie den Namen Thyone, eine Bezeichnung, die auf ihre mänadenhafte Brautschaft hinweist.[104] Eine literarische Behandlung solch einer tragischen Mutterschaft haben wir in Euripides' Darstellung von Agave, der Schwester der Semele, in den *Bakchen*, wo sie mit dem Kopf ihres Sohnes in den Händen von der wilden Jagd zurückkehrt und sich mit der anderen Gruppe der Mänaden, die mit dem Gott nicht blutsverwandt sind, den Lustbarkeiten anschließt.[105]

Diese mänadischen Personifizierungen sind auf zahlreichen griechischen Vasen zu sehen, auf denen die Frauen das göttliche Kind ernten oder um seinen inmitten von Pflanzen aus dem Boden wachsenden Kopf herumtanzen. Auf einer solchen Vase verwenden die Mänaden gar Mörserkeulen zum Angriff auf Orpheus, der bestimmten Aspekten des Dionysos analog ist; seinem abgeschnittenen Kopf wurden prophetische Gaben zugesprochen.[106] Die Vasen zeigen auch oft Mänaden, die mit dem erwachsenen, manchmal mit Opiumkapseln gekrönten Gott verkehren;[107] ebenfalls sieht man diese in durch die lasziven Annäherungen seiner ithyphallischen Satyrn vermittelter erotischer Besessenheit. Zum Teil stellen sie im Tanz Vögel dar und verkörpern so die entrückende Wirkung des Toxins und dessen beseelte Identität.[108]

Wir besitzen eine spezifische Erwähnung derartiger Ritualhandlungen in Agrai: die sogenannten, ›mimischen Darstellungen zur Dionysosgeschichte‹, die dort im Jagdpark stattgefunden haben sollen, an den Hängen des Hymettos, eines Berges ohne Bäume und Tiere, der aber im Altertum wie auch heute noch für seinen Kräuterreichtum berühmt war.[109]

Triptolemos und das große Mysterium

Es erstaunt nun nicht mehr, daß Demeter bei ihrer Ankunft in Eleusis den von der Gastgeberin angebotenen Becher roten Weines zurückwies, denn die Trauer um ihre verlorene Tochter Persephone erlaubte ihr nicht, selbst vom Leib des Entführers zu kosten.[110] Statt dessen schlug sie eine andere Kommunion vor: Die des heiligen *kykeon*.

Die Homerische Hymne, unsere früheste literarische Quelle zu Eleusis, gibt den heiligen Mythos wieder, mit der Stiftung des Großen Mysteriums als Höhepunkt. Die Geschichte hat drei Teile. Der erste erzählt vom Raub der Persephone beim Pflücken der Zwiebelpflanze mit den Töchtern des Okeanos; ein thematischer Verweis auf die anschließende Reise, die sie über das Wasser in das chthonische Reich führt, eine Reise, die dem Tod ihrer früheren Identität im Zustand der Jungfräulichkeit entspricht. Psychologisch gesehen ist jede Ehe ein Tod, aber in Gesellschaften mit starreren Strukturen als bei uns wurde das Mädchen buchstäblich von seinen bisherigen Tätigkeiten und aus seiner gewohnten Rolle entfernt, wenn es in den Besitz seines neuen Herrn überging.[111]

Da man glaubte, daß Okeanos, der Ozean, die bewohnte Welt umgebe, markieren er und seine Töchter die ferne Grenze, nach der die andere Welt beginnt. Beispiele für die Assoziation der Wasserreise mit dem Übergang in eine andere Welt sind in der griechischen Literatur äußerst zahlreich. In den Iphigenietragödien des Euripides bildet die Heirat des Mädchens mit dem Tod das Vorspiel zur Fahrt nach Troja, ebenso wie der vergleichbare Tod der Polyxena auf Achills Grab in der *Hekabe* notwendig ist für das Aufkommen des Windes, der die Troerinnen in die griechische Gefangenschaft führt. Ein komplexeres Beispiel finden wir in den *Trachinierinnen (Trachiniai)* von Sophokles: Deianeira, die Tochter des Oineus, des ›Weinmachers‹, wird von einem Fluß oder in einem Fluß lebenden Geschöpfen umworben. Obschon sie Herakles, ihr Gatte, zweimal errettet hat, verbleibt sie in ängstlicher Ungewißheit über ihre Position als Frau, und im Bestreben, die Zuneigung des Herakles zurückzugewinnen, experimentiert sie mit einer noch nie versuchten Droge, die sie in der Hochzeitsnacht erhalten hat. Am Ende muß sie begreifen, daß die Vernichtung ihres Gatten durch ihre eigene Hand das Gegenstück zu der eigenen Vernichtung bildet, die sie immer von ihm befürchtet hatte. Im *Prometheus* von Aischylos wird der gefesselte Held am anderen Ende der Welt unmittelbar vor dem

Abstieg in den Hades von Okeanos und seinen Töchtern besucht; die Gegenwart dieser Besucher läßt wiederum botanische Zusammenhänge vermuten, denn das Feuer, das Prometheus dem Zeus entwendete, wird metaphorisch sowohl als Blume wie auch als Droge, der Ursprung aller menschlichen Wissenschaft, bezeichnet,[112] und der Dieb verbarg seine Beute wie ein Kräutersammler in einem hohlen Fenchelstengel, nachdem er den Gott durch einen an einem Ort namens ›Schlafmohn‹, *Mekone*, vollbrachten Trick getäuscht hatte.[113]

In der Homerischen Hymne werden nach Persephones Wasserreise zwei verschiedene Reaktionen auf ihren Raub beschrieben. Zuerst will Demeter in ihrer Sehnsucht nach einem stabilen Zustand, der die Möglichkeit, ihre Tochter je wieder zu verlieren, für immer aus der Welt schaffen würde, einen der eleusinischen Prinzen unsterblich machen. Als dieser Versuch fehlschlägt, lehrt Demeter das Mysterium von Sterblichkeit und Wiedergeburt den Triptolemos, einen anderen eleusinischen Prinzen und nach gewissen Berichten Bruder des ersteren.[114]

Die genaue Identität dieses Triptolemos bildete einen Teil des eleusinischen Geheimnisses; der Reiseschriftsteller Pausanias läßt uns nämlich wissen, er habe noch weiter von den verschiedenen Berichten über die Abstammung des Triptolemos schreiben wollen, sei jedoch in einem Traumgesicht gewarnt worden, mehr mitzuteilen.[115] Es war Triptolemos, der den Getreideanbau einführte, indem er in einem von Schlangen gezogenen fliegenden Wagen durch die Welt fuhr.[116]

Sein Evangelium war das wiedergeborene Saatkorn, die Gerste oder *alphi*, ein Wort, das auf eine formelhafte Verbindung im Indoeuropäischen zurückgeführt werden kann, die aus dem Anbau gewonnene Nahrung im Gegensatz zur natürlichen, *meli*, dem Honig, bezeichnet.[117] Die Gerste für die eleusinischen Zeremonien wurde auf der Rarischen Ebene speziell angebaut und auf der Tenne des Triptolemos gedroschen.[118] Zusammen mit Wasser und *glechon* diente sie als Zutat zum heiligen Trank.

Man hat vermutet, *glechon* (oder *blechon*) sei das aktive psychotomimetische Element im *kykeon* gewesen.[119] Die Pflanze wird gewöhnlich als Polei, *Mentha Pulegium*, identifiziert; eine Minze mit schwach psychotropen Eigenschaften. Diese Bestimmung kann jedoch nicht als gesichert angesehen werden, da in der klassischen Zeit verschiedene Pflanzen als *blechon* bezeichnet wurden.[120] Auch war *blechon* von keinem Geheimnis umgeben, denn sie wurde offen genannt, zum Teil in Zusammenhängen, die einer Blasphemie gleichgekommen wären. Bei Aristophanes finden wir sie in einem Liebestrank[121] sowie als obszöne Metapher für die Schamhaare einer Frau.[122] In der indoeuropäischen Formel für den Zeremonialtrank kann sie nur die Wildpflanze in der Gerstenmischung dargestellt haben, nicht aber den sakralen Bestandteil. Zudem war ihre Anwesenheit im *kykeon* durch ihre symbolische Bedeutung in der griechischen Botanik gerechtfertigt, da sie als Rohstoff für Parfums und Salben wie alle aromatischen Pflanzen mit unerlaubter Sexualität in Verbindung gebracht wurde.[123] *Blechon* galt so gleichermaßen als Aphrodisiakum wie als Abtreibungsmittel,[124] denn solche Düfte geziemten eher der Kurtisane als der rechtmäßigen Ehefrau, während weniger feine Gerüche die Solidarität von Müttern und Töchtern in der gesellschaftlich akzeptierten ehelichen Rolle symbolisierten. So feierten Frauen die Keuschheit der Ehe und die Aufnahme von Töchtern in den Status von Ehefrauen bei den Thesmophorien, einem Fest zu Ehren der Wiedervereinigung von Demeter und Persephone, indem sie sich und ihre Betten mit einem übelriechenden Kraut bestrichen.[125] Im Gegensatz dazu verweist die Anwesenheit von *blechon* im eleusinischen Trank auf den illegitimen Charakter von Persephones Entführung und auf Demeters Weigerung, eine solche Vereinigung mit dem Tod zu dulden. In der ethnobotanischen Überlieferung galt die Minze *(Mentha)* als Konkubine des Hades, die von der eifersüchtigen Gattin Persephone zerfleischt wurde. Man sagte auch, Demeter habe ihren Abscheu vor der unerlaubten Verbindung ausgedrückt, indem sie Minze unter den Füßen zermalmte oder sie zu ewiger Unfruchtbarkeit verfluchte.[126] Schließlich spricht auch die geringe Wirksamkeit des Poleis gegen seine Identifikation als das heilige Rauschmittel, da er zu schwach ist, als daß profane Verwendung eine Gefahr dargestellt hätte.

Die beiden folgenden Teile des Eleusinischen Mythos legen eine andere Lösung nahe; eine Lösung, die mit dem Geheimnis um die Abstammung des Triptolemos zusammenhängt. Nach Persephones Fahrt in den Hades kommt Demeter nach Eleusis und behauptet, sie sei auch von jenseits des Wassers, aus Kreta, von

Piraten entführt worden. Die eleusinischen Göttinnen bildeten eine, häufig anonyme, Zweiheit; jede verhielt sich zur anderen wie die Vergangenheit zur Zukunft. So scheint es Persephones Übergang in den Stand der Ehefrau mit sich zu bringen, daß Demeter diesen Status für sich selbst aufgibt, da sie sich nun als Frau jenseits des gebärfähigen Alters verkleidet. Als sie beim sogenannten Jungfrauenbrunnen sitzt, der auch Anthion, der Blumenbrunnen hieß,[127] und um ihre Tochter in der anderen Welt jenseits der Wassergrenze trauert, begegnet Demeter den Töchtern der Königin von Eleusis und läßt sich unter dem falschen Namen Dos (oder Doso), die ›Geberin‹, als Amme für den spätgeborenen Sohn ihrer Mutter anstellen. Auch diese Mädchen sind wie die Töchter des Okeanos Wasser-Jungfrauen, denn sie sind gekommen, um aus dem Brunnen zu schöpfen, und in ihrer Gesellschaft gelangt Demeter wie eine zweite Persephone in den eleusinischen Palast, wo ihr die Rolle einer Amme zugewiesen wird. Als ihr erstmals der Verdacht gekommen war, Persephone sei abhanden gekommen, hatte sie zusammen mit der Göttin Hekate nach ihr gesucht, und nun gleicht sie in der Rolle der Amme wiederum der Hekate, deren prototypische Nebenbeschäftigung der Ammendienst war.[128]

Diese Analogien zu Hekate sind höchst bedeutsam für das Eleusinische Mysterium und das Geheimnis um die Identität des Triptolemos. Als Persephone aus dem Hades zurückkehrt, wird Hekate auch ihre ständige Begleiterin auf ihren jahreszeitlichen Reisen zum und vom Herrn des Todes. Sowohl Persephone wie Demeter sind Hekaten, denn diese Göttin ist das dritte Element, das die heilige Zweiheit von Mutter und Tochter vervollständigt und vereinigt. Deshalb wurde bereits in der zweiten Hälfte des fünften Jahrhunderts Hekate in der Gestalt einer Frau mit drei Körpern dargestellt.[129] Man sagte sogar, Hekate sei wie Persephone eine Tochter der Demeter.[130] Die Jungfrau wurde durch die Heirat mit dem Tod eine Hekate;[131] wie diese wurde sie zur Gattin des chthonischen Herrn Hades.[132] Hekate repräsentiert die chthonische Erfahrung des Frauseins, die Ehe als Tod und die Mutterschaft als Empfängnis vom Tod, die uralte religiöse Macht der Frau durch ihren furchtbaren Pakt mit den schrecklichen metaphysischen Quellen des Lebens. Deshalb auch konnte Demeter in ihrem chthonischen Aspekt als Erinnye dargestellt werden, als Geist der Rache für die verlorene Jungfrau.[133] Wie jene andere große Königin der anderen Welt, die Gorgone Medusa, soll sie von Poseidon in der Gestalt eines Hengstes bestiegen worden sein und eine Tochter mit einem heiligen Namen sowie ein Pferdekind geboren haben. In Phigalien wurde Demeter Melaina genannt, die Schwarze, und ihr hölzernes Kultbild stellte sie mit einem Pferdekopf dar.[134] Es waren auch die chthonischen Erfahrungen, die der Frau ihre Macht über die Pflanzen in der Hexerei verliehen. Hekate war denn auch das Urbild der Hexe,[135] und nach der tödlichen Hochzeit mit der Blume verspricht Demeter als Amme im Palast von Eleusis, sie werde den Sohn der Königin vor Zaubersprüchen und vor der zu magischen Zwecken am Grund des Stengels abgeschnittenen Pflanze bewahren.[136] Auch psychologisch betrachtet muß die Rolle der Amme mit chthonischen Assoziationen verbunden gewesen sein, da sie normalerweise eine Frau innehatte, die kürzlich ein eigenes Kind verloren hatte, für das die Milch bestimmt gewesen war.

Das Thema der dreifaltigen Transformation der Frau ist schließlich auch in der tragischen Literatur klar ausgedrückt anzutreffen. Hekabe, die trauernde Mutter der sterbenden Trojaner, erscheint als Erinnye in Euripides' *Hecuba* (griechisch *Hekabe*). Der Tod der jungfräulichen Tochter auf dem Grab des Achilles und die Entdeckung, daß ihr Sohn von seinem thrakischen Gastfreund ermordet wurde, wandeln die Heldin der Tragödie aus einer passiven ›Mater dolorosa‹, der Erdulderin von Leid, zu dessen aktiver Vermittlerin; derjenigen, die Leid zufügt. Der Racheakt wird von Hekabe und ihren Trojanerinnen vollzogen: Die Jungfrauen unter ihnen, die alle aus ihrer Heimat verschleppt werden, werden aus Geraubten zu Räuberinnen, indem sie den Polymestor gewaltsam verführen, während die Frauen, die wie Hekabe bereits geboren haben, die Söhne des Polymestor vor seinen Augen umbringen und dann ihm selbst das Augenlicht rauben. Dieser grauenvolle Aufstieg zur Macht der beiden Gruppen von bisher leidenden Frauen findet in der Tragödie seinen Höhepunkt mit der Ankündigung von Hekabes Tod, der sie in einen Höllenhund verwandeln wird, in eine Erynis im Verein mit Hekate. Diese Verwandlung ist ebensosehr durch die Ähnlichkeit der Erfahrungen von Hekabe und Hekate begründet wie durch das Spiel mit den beiden Namen. In derselben Tragödie wird außerdem auch Polymestor, nachdem er von der Jagd im Gebirge zurückgekehrt ist, im Zelt der Hekate in ein Tier verzaubert; wie Pentheus wird der Jäger zum verfolgten Opfer der Jagd.

In der *Orestie* des Aischylos wird Klytämnestra zu einem Rachedämon, zur Anführerin einer Meute von Erinnyen auf der Jagd, nachdem sie den Gatten ermordet hat, der für den Tod ihrer jungfräulichen Tochter bei einer vorgeblichen Hochzeitszeremonie verantwortlich war.

Und so entdeckt auch Demeter die dritte Phase der weiblichen Existenz, als ihre jungfräuliche Tochter als Braut ins Reich des Todes hinübergeht. Als Amme des spätgeborenen Sohnes der alten Königin von Eleusis entwirft sie ihren ersten Lösungsversuch: die Unsterblichkeit. Sie gibt ihm weder Milch von ihrer Brust noch sonstige Speisen, sondern salbt ihn am Tag mit der göttlichen Droge Ambrosia, und wenn er an ihrer Brust liegt, stillt sie ihn nicht mit menschlicher Nahrung, sondern mit ihrem Atem. Des Nachts legt sie ihn ins Feuer; ein Kremationsritual,[137] bei dem sein sterblicher Leib von den Flammen verzehrt wird. Obwohl das Kind bei dieser Diät gedeiht, übersteigt sie das Verständnis der armen Mutter. Diese erhebt Einspruch, und Demeter verkündet, daß das Kind nun der Sterblichkeit geweiht sei; alles was ihm noch zu erreichen möglich bleibe, sei der Heldentod in der Blüte seiner Jahre. In den eleusinischen Traditionen über den Helden Herakles wird ebenfalls dieser Fehlschlag der Unsterblichkeitslösung betont: auch er lernt bei seiner

Einweihung, daß Sterben die höhere Kunst darstellt als ewiges Leben.

Die Initiation des Herakles war denn auch ein verbreitetes Thema in der Grabmalkunst.[138] Er soll sowohl in das Große Mysterium eingeweiht gewesen sein[139] wie auch in jenes von Agrai, wo die Zeremonie angeblich von Eumolpos selber eingesetzt worden war, um den Helden vom Wahnsinn zu reinigen, der ihn zum Mörder seiner Frau und seiner Kinder gemacht hatte.[140] Die beiden Stufen seiner Einweihung werden in den Kunstwerken als aufeinanderfolgende Episoden dargestellt, welche die symbolischen Vorgänge von Agrai und Eleusis zum Inhalt haben. Die Sequenz beginnt mit dem Kleinen Mysterium, wo man Eumolpos, den ersten Hierophanten sieht, wie er ein Opferferkel mit Wein begießt und eine Platte mit pilzförmigen Pflanzen in der anderen Hand hält; das Ferkel war eine Gabe an die Unterweltsgöttinnen, und in der Gestalt des Opfertieres bot sich der Initiand selber ihnen dar. Beim Großen Mysterium sitzt Herakles da als Trauernder mit verhülltem Kopf in Erwartung der Wiedergeburt, symbolisiert durch die von einer Priesterin über seinem Kopf gehaltene Getreideschwinge; danach sieht man ihn als Wiedergeborenen in Gegenwart der Demeter, die auf dem Korb, der *kiste* des heiligen Rituals von Eleusis sitzt. Bezeichnenderweise stehen die beiden Einweihungsstufen je mit einer Pflanze in Verbindung; das Kleine Mysterium mit den Pflanzen auf der Platte des Hierophanten, das Große mit dem Getreide der Worfelschwinge. Leider war keines der beiden Kunstwerke, die den ganzen Ablauf der Ereignisse bei der Initiation des Herakles darstellen, im Sommer 1976, als Gordon Wasson die Museen besuchte, wo sie aufbewahrt sind, für eine nähere Betrachtung zugänglich; wir werden deshalb unsere Darlegungen nicht darauf begründen. Es sei bloß erwähnt, daß die Gegenstände auf der Platte auch als Mohnkapseln betrachtet worden sind: auf einer Darstellung jedoch, derjenigen auf der sogenannten Urna Lovatelli, scheinen nach Photographien die Stengel der Pflanzen eher zu dick für wirkliche Stengel zu sein, während in derselben Szene auf dem Sarkophag von Torre Nova die Gegenstände effektiv auf den Stielen stehen, mehr etwa in der Art von Pilzstrünken. Die Gegenstände auf den Platten dürften vermutlich identisch sein, doch bleibt immer noch die Möglichkeit offen, daß sie es nicht sind und daß es sich in diesem Fall bloß um eine Art von Gebäck handeln würde.

Die Bedeutung dieser Einweihung des Herakles wird klar aus der *Herakles*-Tragödie von Euripides, in der zwei Versionen der Heraklesgestalt, die heroische und die antiheroische, im Konflikt gezeigt werden. Der heroische Herakles ist soeben aus dem Hades heraufgestiegen und hat als letzte seiner Taten den Hund Kerberos von dort mitgebracht; der antiheroische Herakles jedoch kehrt in der Gestalt des ›Wolfmenschen‹ Lykos ins chthonische Reich seiner Herkunft, das Reich des Grabes und des Todes zurück.[141] Der heroische Herakles verwandelt sich in den antiheroischen, als die Gifte zu wirken beginnen, die er in seiner heroischen Phase unter Kontrolle gehalten hat: das mit dem Hund Kerberos aus dem Hades heraufgekommene Akonit und die Wölfin ›Tollwut‹, die Seuche, die Hunde zu Wölfen macht. Das Schauspiel stellt diese Verwandlung als paradoxes Gegenstück zum heroischen Charakter des Herakles dar und versieht sie mit einer ethischen Wertung, indem gezeigt wird, daß die Liebe der Menschen für ihresgleichen in der bruchlosen Kette der sterblichen Generationen eine höhere Kunst bedeutet als die lieblose Ewigkeit, die Herakles mit seinem unsterblichen Vater Zeus vereinigen würde.[142]

Dies ist das Mysterium, das Demeter in der Homerischen Hymne erstmals dem Triptolemos offenbarte. Sie befiehlt den Leuten von Eleusis, das eleusinische Heiligtum zu bauen. Und dort sitzt sie und schwört, wenn ihre Tochter sterben müsse, dann müsse alles mit ihr dem Tode verfallen, indem eine Epidemie von Unfruchtbarkeit sämtliche Pflanzen des Landes heimsuche und eine Hungersnot auslöse. Die himmlischen Gottheiten flehen Demeter an, Eleusis zu verlassen und ihre chthonischen Absichten als Totengöttin aufzugeben, da sie mit ihnen zusammen dem ewigen Leben angehöre. Die Götter fürchten, die Menschheit werde bald aussterben und alle Menschen ins Reich des Hades kommen; sollte dies eintreten, würde das empfindliche Gleichgewicht zwischen der himmlischen und der chthonischen Welt gestört, und die Himmelsgötter hätten keine Menschen mehr, um sich von ihnen verehren zu lassen. Demeter läßt sich erst besänftigen, als Zeus sich bereit erklärt, Persephone zurückzuschicken. Wie eine freudetrunkene Mänade schließt Demeter ihre Tochter in die Arme, muß aber erfahren, daß Persephone wie die Erde, die ihr Aufenthalt war, einige

Samenkörner angenommen hat und somit nun zu beiden Welten gehört: sie ist gezwungen, mit dem Jahreslauf in das Todesland ihres Gatten zurückzukehren. Demeter stimmt dieser beständig wiederkehrenden Trennung zu und läßt das Korn, das auf der Rarischen Ebene unfruchtbar im Schoß der Erde gelegen hat, keimen und wachsen, bis zur Zeit der Ernte die Körner sich wieder in der himmlischen Luft wiegen werden.

Der Sohn der zwei Göttinnen

Das Wachstum der Getreidesaat zur Reife ist das eleusinische Symbol für die Wiedergeburt. Die Ernte ist das in der anderen Welt empfangene Kind.

Auf dem Höhepunkt der eleusinischen Schau stimmte der Hierophant, begleitet von einem Schlaginstrument, das unterirdisches Donnergrollen nachahmte, feierlich den großen Gesang an: ›Die Herrin Brimo gebar Brimos den Herrn‹;[143] und die Initianden sahen in raschem Wechsel der Emotionen[144] Persephone inmitten eines großen Lichts mit ihrem Sohn, denn Brimo und Brimos bedeuten die ›Mächtigen‹ oder ›Schrecklichen‹. Es war die Königin des Todes, sowohl Persephone wie Hekate,[145] die Brimo war und über die chthonische Erfahrung des Frauwerdens triumphierte, indem sie dem Herrn des Todes einen Sohn gebar und damit den Verderber zu ihrem Retter und zum Retter der gesamten Menschheit wandelte. Brimos hieß er, doch er hatte auch andere Namen.

In der Homerischen Hymne heißt er Plutos, der Reichtum, den die Vision von Eleusis den Eingeweihten als Hausgast versprach, denn so vertraut wurde der Tod, daß seine freundliche Gegenwart für ständigen Wohlstand sorgte, der seinen Ursprung im gesunden Einvernehmen zwischen dem Leben und seinen Quellen im Tode hatte.[146] Als im *Plutos* des Aristophanes der Gott tatsächlich bei jemandem einkehrt, tanzen die Chormitglieder eine obszöne Parodie auf die Zubereitung des heiligen Rauschtranks, wobei sie ihre Körper als Mörser und Stößel verwenden.[147] Plutos ist synonym mit Pluton,[148] einem Wort, das Platon auf die Idee des Aufsteigens von Reichtum aus der Erde zurückführte.[149] In der *Antigone* von Sophokles wird er zusammen mit Hekate als Gott der Begräbnisriten erwähnt,[150] und in Euripides' *Alkestis* ist sein Name deutlich als Epitheton für den Hades erkenntlich.[151] Eine späte Quelle belegt Plutonis als Name seiner Königin, Persephone.[152] Einen Eingang zur Unterwelt konnte man als Plutonion bezeichnen;[153] in Eleusis gab es im Inneren des verbotenen Bezirks tatsächlich eine Höhle mit diesem Namen, die einen Tempel des Pluton barg. In orphischen Überlieferungen wurde diese Höhle ausdrücklich als Tor zum Hades bezeichnet.[154] Außerdem stellen zahlreiche Vasen Persephones Rückkehr dar, häufig inmitten von Pflanzen und mit einem Kind in den Armen oder einem Füllhorn als Symbol des Reichtums in den Händen.[155] Es besteht kein Zweifel darüber, daß in Eleusis Plutos in Analogie zur Getreideähre geboren wurde.

Da Demeter und Persephone dieselben chthonischen Kräfte besitzen und in der dreifaltigen Figur der Hekate vereint sind, überrascht es nicht, daß auch Demeter den Plutos geboren haben soll. Der Mythos ist von offensichtlicher Bedeutung hinsichtlich der psychotropen Natur des Ritualtranks. Nach Homer und Hesiod betrank sich Demeter bei einem Gelage mit den Göttern mit dem göttlichen Rauschmittel *nektar* und geriet in ein dreifach gepflügtes Feld auf Kreta, wo sie sich mit Iasion begattete und Plutos empfing.[156] Iasions Name besagt, daß er ein Mann der Droge ist. Es ist offenkundig, daß auch Demeter den Liebhaber der Persephone in einem botanischen Zusammenhang erlebte.

Ebenso galt Iakchos gleichermaßen als Sohn der Persephone[157] und der Demeter.[158] Er ist eine weitere Manifestation des Hades, eine chthonische Hypostase von Dionysos selber.[159] Er war es, der die Kandidaten zum Großen Mysterium geleitete, da in ihm der Räuber von Agrai zu einem Vertrauten und Retter wie Plutos geworden war. Er war der erlösende Aspekt des Dionysos. In den *Fröschen* des Aristophanes begegnet Dionysos diesem seinem anderen Selbst im Hades, nachdem er auf obszöne Weise über den Sumpf zwischen den beiden Reichen gerudert ist.[160] Da der Geliebte und das Kind nur zwei Aspekte derselben Gestalt sind, empfing Brimo ihren Sohn Brimos von Brimos. Und so hieß es auch von Iakchos, er sei sein eigener Sohn.[161]

Unter dem Epitheton Zagreus wurde dieser gleichzeitige Sohn der Persephone und der Demeter der Große Jäger genannt;[162] das gejagte Pflanzenkind war zu seiner reifen Rolle als Liebhaber herangewachsen. Eine entsprechende Verwandlung findet sich in verschiedenen Tragödien, wo der Jäger in mänadischen Kontexten auf unheilvolle Weise zum Gejagten wird, während die klägliche Rolle der Frau sich zur aktiven wandelt und sie die Macht ihres Königinnenamtes im Tod antritt.[163] Obschon der Grund, weshalb Zagreus in solchen Jagdmetaphern vorkommt, in der seinem Namen von den Griechen zugeschriebenen Etymologie zu suchen ist, stellt vermutlich der erste Teil des Namens nicht eine Intensivform von ›groß‹ dar, sondern ist wohl eher auf *zeia* und verwandte Wörter für Getreide zurückzuführen.[164] Hier nähern wir uns wiederum dem Geheimnis um die Identität des Triptolemos, denn es gab Überlieferungen, die ihn wie Plutos, Iakchos und Zagreus als Sohn jenes vielbenannten Paares betrachteten, das in der Unterwelt herrschte. Es ist für uns bedeutsam, diese Überlieferungen näher zu betrachten.

Die Homerische Hymne erzählt, wie eine Frau namens Iambe im Palast von Eleusis Demeter unterhielt und die trauernde Göttin durch das Erzählen von vermutlich obszönen Späßen zum Lachen brachte.[165] Der Dichter behauptet, etwas Ähnliches habe bei den Mysterien stattgefunden; offenbar nimmt er Bezug auf die obszönen Beleidigungen, die den Kandidaten beim Überschreiten der letzten Brücke auf dem Weg nach Eleusis zugerufen wurden. Orphische Traditionen erwähnen, Triptolemos sei der Sohn der Iambe gewesen.[166] Angesichts der symbolischen Bedeutung des eleusinischen Palastes und der darin lebenden Mütter und Jungfrauen ließe eine derartige Genealogie für sich allein vermuten, daß Triptolemos einer der Unterweltsprinzen war; darüber hinaus wurde jedoch seine Mutter auch mit einer gnomenhaften, obszönen Frau namens Baubo gleichgesetzt, deren Ehemann Dysaules war, der Ungastliche, ein negativer Beiname für den Großen Wirt, den Herrn des Todes. Somit war auch Baubo eine Hekate als jungfräuliche Braut und Gattin des Hades.[167] Baubo selbst trug einen Namen, der ›Eingeweide‹ bedeutete, und kleinasiatische Figuren aus dem fünften Jahrhundert stellen sie als Zwergin mit dem Gesicht im Bauch dar. Es wurde gesagt, ihr obszöner Scherz habe in der Enthüllung gegenüber Demeter bestanden, daß sie wie eine zweite Persephone den Iakchos in ihrem Schoß trug;[168] Manifestation eines symbolischen Hermaphroditismus, die bewerkstelligt wurde, indem sie den Räuber als Kleinen Mann oder Sohn ihrem eigenen Körper einverleibte und damit die für die traumatische heilige Hochzeit verantwortliche geschlechtliche Polarisierung aufhob. Auch Baubos Name, der vielleicht mit *baubon*, ›künstlicher Penis‹, verwandt ist, weist auf ihre Bisexualität hin. Diese orphischen Traditionen können nicht als absolute Belege für eleusinisches Gedankengut herangezogen werden, obschon es in den beiden Religionen sicher gemeinsame Vorstellungen gab.[169] In der orphischen Lehre scheint vor allem die Sündhaftigkeit der fleischlichen Natur des Menschen im Vordergrund gestanden zu haben, von der das Mysterium seine Anhänger erlöste, während die Religion von Eleusis eher auf die Bewahrung eines ritualisierten Paktes zwischen dieser Welt und ihrem Ursprung und Ziel in der anderen gerichtet war. Jedenfalls verweisen auch andere nichtorphische Traditionen auf eine chthonische Abstammung des Triptolemos. Er galt als Sohn des Raros, nach dem die Rarische Ebene benannt war,[170] auf der Baubo mit ihrem Gatten lebte.[171] Raros und die Rarische Ebene sind im Griechischen ungewöhnliche Wörter: das einzige andere griechische Wort mit einem unaspirierten Rho im Anlaut ist *raros*, ein Wort, das nur bei alten Grammatikern anzutreffen ist, wo es als ›Bauch‹, ›Embryo‹, ›abgetriebener Fötus‹, ›Kleinkind‹ und ›mächtig‹ gedeutet wird.[172] In einer athenischen Tragödie hatte Triptolemos einen Bruder, dessen Vater Poseidon war.[173] Da Triptolemos das auferstandene Getreide ist, erscheint die Darstellung seines dunkleren Selbst als Bruder von einem chthonischen Vater angemessen. Ein früher Historiker behauptete gar, Triptolemos habe den Okeanos zum Vater gehabt, und schrieb ihm damit selber eine solche Abstammung zu.[174] Triptolemos hatte einen Sohn, der offenbar in das primitive dionysische Muster zurückfiel, denn sein Name war Krokon, der Mann der Zwiebelpflanze *krokos*, der als erster das Grenzgewässer überschritt und der Gatte der Eleusinierin Saisara wurde.[175] Noch andere Überlieferungen scheinen Triptolemos selber als Sohn jener Königin anzusehen, denn es heißt, er sei von der ›trunkenen‹ Frau des eponymen Eleusinios geboren worden.[176]

Was wir nirgends erfahren ist, daß Triptolemos wie all die anderen Prinzen ein Kind der eleusinischen Göttinnen war. Seine Ikonographie scheint ihm jedoch diesen Platz zuzuweisen. Auf dem großen eleusinischen Basrelief im Nationalmuseum von Athen sieht man ihn als heranwachsendes Götterkind; seine zweideutige Rolle ist gleichzeitig die des Sohnes und des Geliebten der beiden ihn zärtlich bewundernden Göttinnen.[177] Auf einer *lekythos*-Vase, die ihn gegenüber seiner Königin Demeter – oder vielleicht Persephone – zeigt, trägt er die seinem königlichen Rang angemessene Krone.[178]. Eine andere Vase zeigt Persephone im Hades, in der Hand die Getreideähren, die sie erlösen werden.[179] Die Missionsreise des Triptolemos wird regelmäßig in Analogie zu derjenigen des Dionysos dargestellt; beide durchfahren die Welt auf geflügelten, von Schlangen gezogenen Wagen und verbreiten ihr jeweiliges Evangelium von der Weinrebe und vom Getreide. Die Botschaft des Triptolemos ist die definitive Versöhnung mit der Erde durch die Kunst des Ackerbaus. Wenn er von Demeter Abschied nimmt, ist häufig Iakchos, der erlösende Aspekt des Dionysos, mit ihm. Auf einer attischen rotfigurigen *skyphos*-Schale im British Museum[180] zum Beispiel, sieht man ihn auf seinem Schlangenwagen vor der Abfahrt zu seiner Missionsreise mit mehreren Getreideähren in der Hand. Vor ihm steht Demeter und hinter ihr die Tochter Persephone, die als Zeichen bräutlicher Schamhaftigkeit die Hand zum Schleier hebt. Hinter Triptolemos steht Iakchos, ebenfalls mit Getreideähren in der Hand. Die chthonische Quelle dieser Metamorphose zum Leben wird durch die von Iakchos und Demeter gehaltenen Fackeln angedeutet. Mit der anderen Hand will Demeter eine Flüssigkeit in eine flache Schale gießen, die Triptolemos bereithält.

Die zweideutigen Doppelrollen der Gestalten im

eleusinischen Mythos machen das erlösende Liebespaar zu Geschwistern, Nachkommen derselben Mutter, die auch auf diese Weise sich die Identität des Entführers zu eigen macht und dadurch das psychische Trauma der ursprünglichen Begegnung in Agrai aufhebt. Auch dieses Thema finden wir in der tragischen Literatur wieder. So vereinigt sich Antigone im Schauspiel des Sophokles mit ihrem toten Bruder; diese Hochzeit mit Hades und Verbindung unter Blutsverwandten zieht sie der geplanten Ehe mit einem ›Blut‹ vor, das nicht verwandt ist, sondern einfach nur Blut in der Person von Kreons Sohn Haimon, mit dessen Namen ›Blut‹ der Dichter spielt.[181] Und auch in Euripides' *Iphigenie bei den Taurern* wird die Heldin von ihrem Bruder Orestes und dessen ständigem Begleiter Pylades, ›Tor zum Hades‹, ihrem späteren Gatten, vor den Folgen ihrer Hochzeit mit dem Tod errettet.[182] Das Thema läßt sich auch in den beiden Elektra-Tragödien entdecken, in denen Elektra durch die Vereinigung mit ihrem Bruder und seinem stillen, dunklen Gefährten der erzwungenen Sterilität und einem trostlosen Leben im Reich des Hades entgeht.[183]

Identifikation

Die untersuchten eleusinischen Überlieferungen zeigen deutlich, daß auf beiden Stufen der Mysterien psychotrope Pflanzen im Spiel waren; die Pflanzen der beiden Stufen verhielten sich zueinander wie Brüder und bildeten so eine Struktur, welche die Vernichtung ausglich mit ihrem Gegenstück, der Erlösung des menschlichen Lebens und der menschlichen Gesellschaft durch die Künste des Ackerbaus. Es war das rituell auf der Rarischen Ebene geerntete Getreide, das die Vermittlung zu dem in Agrai gejagten wilden, tödlichen Zwiebelgewächs darstellte. Diese beiden Pflanzen, die Winterzwiebel und der entweder materiell oder symbolisch mit der Gerste verbundene Giftstoff, bewirkten die unsagbaren Erfahrungen und Gesichte, die das Wesen der eleusinischen Einweihung bildeten.

Vom kultivierten Getreide wurde im Unterschied zu anderen Pflanzen geglaubt, daß es bei unrichtigem Anbau unter falschen Bedingungen leicht in eine primitivere Form zurückschlage. Diese Urform war *aira*, das ›Rauschgras‹ *(Lolium temulentum)*[184]. Es galt als reine Wildpflanze,[185] die im Getreide wuchs wie jenes andere auf Gerstenfeldern häufige Unkraut,[186] das ebenfalls eine auffällige Rolle im eleusinischen Komplex spielt, der Feuermohn oder ›Granatmohn‹ *(Papaver rhoeas)*, eine Mohnblume, deren Samenkapsel in Form und Farbe dem Granatapfel ähnlich sieht. Mohnblumen sind ein häufiges Motiv bei eleusinischen Dekorationen; ihre vier Blütenblätter sind meistens zu achtblättrigen Rosetten verdoppelt, während wirkliche Rosen fünf Blütenblätter oder das Doppelte davon aufweisen. Die Mohnkapsel und der Granatapfel selbst waren Symbole für die Raubehe wie auch für die fruchtbare Auferstehung vom Tod.[187] *Lolium* dagegen, das Unkraut im Getreide, stellte nicht nur die dem Ackerbau vorausgehende, wieder auflebende Urform dar, sondern stand auch für das empfindliche Gleichgewicht zwischen dem grundlegenden Lebens-Mittel und der irrationalen Ekstase, die das Mädchen der Macht seines chthonischen Herrn auslieferte; denn *Lolium* ist allgemein von einem parasitären Pilzgewächs befallen, dem Mutterkorn *(Claviceps purpurea)* oder ›Rost‹; im Griechischen mit derselben Metapher für die rötliche Wucherung *erysibe* genannt. Die Gerste, das eleusinische Getreide, wurde als besonders anfällig für diese Krankheit angesehen,[188] und es war offenkundig, daß das angebaute Korn in ständiger Gefahr war, von seiner Wildform damit angesteckt zu werden. Demeter selbst trug den Beinamen Erysibe,[189] so als ob ihr Geschenk, das Getreide, nur dank der Abwehr seiner Antithese, ihres eigenen dunklen Selbst, existieren könnte.

Den alten Griechen waren die psychotropen Eigenschaften von *aira* wohlbekannt. Da wir von Dr. Hofmann wissen, daß *Lolium* selbst keine pharmakologische Wirksamkeit besitzt, müssen die alten Überlieferungen über *aira* oder *thyaros*, die ›Pflanze der Raserei›, wie es auch genannt wurde,[190] als Hinweise auf die Kenntnis der psychotropen Eigenschaften des Mutterkorns selbst gewertet werden. Aristoteles zum Beispiel betrachtete *aira* als ein Schlafmittel, das eine der Wirkung gewisser Weine entsprechende Schwere hervorrief.[191] Wir wissen übrigens, daß er von dem Mutterkorn sprach, das auf griechischem *aira* wuchs, denn Theophrast berichtet, daß sich das *aira* in Sizilien von jenem in Griechenland durch das Fehlen solcher psychotropen Eigenschaften unterschied.[192] Auch im Lateinischen haben wir spezifische Zeugnisse für die halluzinogene Wirkung von *Lolium*: ein Charakter in einer Komödie des Plautus sagt zu jemandem, er habe wohl *Lolium* gegessen, da er nichtvorhandende Dinge sehe.[193] Auch Ovid erwähnt den Einfluß der Pflanze auf den Gesichtssinn,[194] und Plinius schreibt, daß aus mit *Lolium* verunreinigtem Mehl hergestelltes Brot Schwindelanfälle bewirkte.[195] Bei den griechischen Bauern war es üblich, das *aira* aus dem Getreide zu entfernen, indem man ein siebartiges Instrument mit der Bezeichnung *airapinon*, ›*aira*-Trinker‹, verwendete; das Wort war offenbar eine Volksmetapher für den triefäugigen Trinker im *aira*-Rausch.[196] In römischer Zeit jagten in Asien und Griechenland Badewärter ihre zu lange herumtrödelnde Kundschaft nach Hause, indem sie sie mit den Dämpfen von *aira* betäubten.[197]

Die Vermutung liegt nahe, daß die Initianden in Eleusis diese Droge einnahmen, die so offenkundig ihre verderblichen Wirkungen des Rückfalls in die Primitivität und der chthonischen Besessenheit von dem wertlosen Wildgras *aira* auf die kultivierte, für die Menschen lebenswichtige Gerste zu übertragen drohte. Mit dieser Kommunion nahmen sie an der uralten Passion der Erdmutter teil, dem Verlust der Jungfrau und der Beerdigung der Saat, und zwar mit angemessenem Aufwand: Während die Kandidaten die Mysteriennacht zusammengedrängt in der Einweihungshalle verbrachten, wurde das Leben aus seiner chthonischen Gefangenschaft zurückgefordert, und alle teilten gemeinsam ihre Freude über die Wiedergeburt, die aufs neue den metaphysischen Pakt mit den im dunklen Reich des Todes entspringenden Quellen des Lebens bestätigte. Von diesem Pakt hing das Weiterleben der gesamten zivilisierten Gemeinschaft und ihrer Institutionen ab. Es ist weiterhin zu berücksichtigen, daß die Nützlichkeit des Mutterkorns für die Geburtshilfe im Altertum bekannt war[198] und wohl die Verwendung der Droge in einem solchen Erlösungsdrama noch angemessener erscheinen ließ. Unsere Schlußfolgerung hinsichtlich der Rolle von *aira* oder *erysibe* in der Mysterienzeremonie wird weiter bestärkt durch das Fehlen jeglicher Erwähnung in der Mythologie: angesichts der zahlreichen antiken Überlieferungen zur anderen häufigen Wirtspflanze des Mutterkorns, *Paspalum distichum*,[199] kann dies als Auswirkung des eleusinischen Tabus interpretiert werden.

Um die alljährlichen Erfordernisse des Mysteriums zu erfüllen, wurden große Mengen von mutterkornbefallener Gerste oder *aira*-Gras benötigt. Sie kamen wohl von der Rarischen Ebene; vielleicht von einem Abschnitt, der von der Priesterschaft speziell zum systematischen Anbau des Pilzes reserviert war. Eine solche Aufteilung könnte zur Schaffung eines magischen Gleichgewichts gedacht gewesen sein, das den andernfalls unmäßigen Forderungen der schrecklicheren Aspekte der unterirdischen Mächte zuvorkommen sollte.

Die Winterzwiebel, die man in Agrai jagte, bildete die ›Antithese‹ zum kultivierten Getreide, da man sie fand und nicht pflanzte; ein wildes Geschöpf, das sich nicht domestizieren ließ und durch die Ackerbaukunst nicht eingeschränkt werden konnte; sie raubte die Jungfrau, aber sandte sie nicht ohne weiteres zurück.

Wir wissen nicht, ob alle Kandidaten beim Kleinen Mysterium diese Pflanze zu sich nahmen oder ob sie, was wahrscheinlicher sein dürfte, lediglich auf irgendeine Weise an der Jagd teilnahmen und vielleicht der heiligen Hochzeit der ›Königin‹ beiwohnten, der Frau des sakralen Oberhaupts des athenischen Staates, die sich in ihrer königlichen Residenz, die als ›Stierstall‹ bezeichnet wurde,[200] rituell mit dem Gott Dionysos vereinigte.

Wir können über die Identität der Droge beim Kleinen Mysterium höchstens Vermutungen anstellen; gewisse Aspekte der dionysischen Symbolik deuten jedoch darauf hin, daß die Winterzwiebel eine Metapher oder Analogie für eine andere Pflanze gewesen sein könnte, die gleichfalls ganz plötzlich aus einer eiförmigen ›Zwiebel‹ in der kalten Erde hervorzuwachsen schien. Diese Pflanze könnte der Pilz gewesen sein, der *mykes*,[201] ein unbezähmbarer Bruder des Mutterkorns in der Getreideernte. *Mykes* erinnert an *mykema*, das Brüllen eines Stiers oder Donnergrollen; das Wortspiel ist vielleicht aus der Silbenschrift der mykenisch-minoischen Periode zu erklären, in der die Silbe ›mu‹ mit dem Piktogramm eines Stierkopfs wiedergegeben wurde. Das Wortspiel ist ganz ausdrücklich in einem Fragment einer Tragödie aus dem fünften Jahrhundert zu finden, wo der Dichter, wenn wir dem Text vertrauen können, zu sagen scheint, das Land habe ›von Pilzgebrüll getost‹.[202] Der betreffende Vers ist als Ausschnitt aus einer Tragödie über Perseus betrachtet worden, der die Stadt Mykene an der Stelle gegründet haben soll, wo er einen Pilz gepflückt hatte;[203] die

Überlieferung weist auf eine Volksetymologie für Mykenä (Mykenai) von *mykes* hin.[204] Eine griechische Amphore aus Süditalien zeigt eine Variante desselben Gründungsmythos, in der die Enthauptung der Gorgo Medusa durch Perseus mit dem Pflücken eines auf einem heiligen Baum gewachsenen Pilzes gleichgesetzt wird.[205] Auch in diesem Fall brachten Überlieferungen die Enthauptung mit dem *mykema* in Verbindung, dem ›Gebrüll‹, das während der Qualen der ›Königin‹ Medusa ertönt sein soll, als sie den Kopf verlor und gleichzeitig einem Sohn und einem fliegenden Pferd, der Quelle von Entrückung und Inspiration, das Leben schenkte.[206]

Solches Stiergebrüll und Donnergrollen, das die Erde erschüttert, ist ein gängiges Motiv in den Beschreibungen des Ortes, wo mänadische Frauen ihre wilden Rituale abhielten.[207] Eine ausführliche Behandlung des Themas findet sich in den *Bakchen* des Euripides, wo Agave ihre Begleiterinnen weckt, die ihr auf der mänadischen Jagd als Hunde dienen werden, als sie auf dem Berg derartige Stiere hört; inzwischen hat in den Stierstallungen ihr Sohn Pentheus, dessen abgetrennter Kopf schließlich die Jagdbeute sein wird, vergeblich mit einem stiergestaltigen Dionysos gekämpft; dieser entkommt ihm mit Leichtigkeit, bringt das Haus zum Einstürzen und lockt ihn zu der Stelle in den Bergen, wo ihn die Jägerinnen zerstückeln werden, als sie ihn wie ein Tier auf der Pinie des Gottes sitzen sehen, von einem Blitz durchbohrt. Pentheus ist ein Kind der Erde, das im Himmel eine symbolische Schwangerschaft durchlebte und wiedergeboren wurde, um stellvertretend für den Gott geopfert zu werden.[208] Dionysos selbst war von einer Schwester der Agave empfangen worden, als sie vom Blitz getroffen wurde. Diese Art der Empfängnis durch den Blitz galt wegen ihres plötzlichen Auftauchens nach dem Regen auch als Ursprung der Pilze.[209] Mit dem Kultnamen Bromios nannte man Dionysos den ›Donnerer‹ oder ›Brüller‹; seine Mutter Semele sowie auch eine Art von Pilzen trugen dasselbe Epitheton, das sie zum Donnerkeil in Beziehung setzte.[210]

Der *mykes* diente zudem wegen seiner phalloiden Form wie auch wegen der etymologischen Herleitung vom Begriff ›Schleim‹ als naheliegende Metapher für den *phallos*,[211] das auffällige Emblem des Gottes Dionysos. Die Phallusmetapher tritt an einer möglicherweise bedeutsamen Stelle in den *Wespen* des Aristophanes auf, wo der Dichter durch eine komplexe Serie obszöner Handlungen und Wortspiele auf eine Szene hinsteuert, in welcher der Penis als ›Lampendocht‹ erwähnt wird, wofür ebenfalls das Wort *mykes* verwendet wurde; sein feuchter Zustand nach dem Verkehr wird als Vorzeichen für Regen gedeutet, der das Wachstum einer nicht näher bezeichneten, im Winter angebauten Pflanze fördern wird.[212] Da man von gewissen psychotropen Pilzen normalerweise nur den Hut ißt, ist auch bemerkenswert, daß der Pilzstiel metaphorisch als *thyrsos* bezeichnet wurde; der hohle Stab, in den ein Kräutersammler die geernteten Pflanzen füllte.[213]

Diese Bemerkungen können natürlich nicht zweifelsfrei beweisen, daß eine der botanischen Erscheinungsformen des Dionysos eine Art von Pilz war oder daß die Winterzwiebel des Kleinen Mysteriums in Wirklichkeit als solcher zu identifizieren ist. Allerdings wurde fälschlicherweise oft angenommen, die Griechen, und zwar die alten wie die modernen, seien ebenso unwissend in bezug auf Pilze gewesen wie die Gelehrten, die ihr Land erforschten oder dort lebten. In Wahrheit können wir bei antiken Autoren Erwähnungen spezifischer psychotroper Eigenschaften von Pilzen finden, ganz besonders einer mit der Eiche assoziierten Art, die Hellsichtigkeit bewirkt haben soll.[214] Zudem hat man an verschiedenen griechischen Fundstellen, von denen einige auf die archaische Periode zurückgehen, steinerne Grabmäler in der Form von Pilzen entdeckt.[215] Wenn wir an die Stiermanifestationen des *mykes* denken, ist vielleicht auch jenem mykenischen Siegelring eine besondere Bedeutung beizumessen, auf dem in einer Szene mit Frauen, die einer unter dem heiligen Baum sitzenden Göttin Blumen darbieten, eine Göttererscheinung als siebtes Element in einer Reihe von Stierköpfen dargestellt ist.[216] Heute kommen in Griechenland halluzinogene Pilzarten vor. Im Unterschied zu den giftigen werden sie als ›verrückte Pilze‹ bezeichnet, und die Landbevölkerung weiß, daß sie wie der Wein, allerdings auf völlig andere Weise, berauschend wirken.

Möglicherweise vermuteten die alten Griechen sogar, daß der Wein, wie es ja tatsächlich der Fall ist, durch die Aktivität eines Pilzes entsteht, denn der Dichter Nikandros bezeichnete den Pilz als ›böse Gärung der Erde‹.[217] Die andere Welt muß jedenfalls eindeutig der Ursprung sämtlicher Pilzgewächse gewesen sein, denn der Hades war bedeckt mit Schimmelpilz,[218] dem schmarotzenden Geflecht, das selbst ein Zeichen der unmittelbar auf Verfall und Fäulnis folgenden Auferstehung ist.

Auf diese Weise würde die Symmetrie der beiden Mysterien vollkommen, denn die Winterzwiebel und das rostbefallene Korn waren beide jener Gott, dessen Geschenk an die menschliche Gemeinschaft das *symposion* war, der Brauch des gemeinsamen Trinkens seines Weins. Im Winter war er geboren worden, um die uralte Rolle des Entführers seiner Mutter zu spielen. Durch deren ursprünglichen Abstieg als heilige Braut in die Unterwelt kam erstmals der Tod ins Spiel, und die Wege zwischen den Welten wurden eröffnet. In Eleusis gelangten die Eingeweihten zur seligen Schau ihrer glanzvollen Auferstehung mit dem unter der Erde empfangenen Sohn; sie hatten Anteil an der Kommunion durch den Leib des Herrn mit dem purpurblauen Haar[219] und erneuerten dadurch das Gleichgewicht, das der zivilisierten Welt Überfluß und Leben brachte. Nach einem Leben als Vertraute von Plutos selbst, in sicherer Aussicht auf Glück und Wohlstand, konnten sie künftig mit größerer Zuversicht sterben.

Anhang.
Zur Frage des Dionysos in Eleusis

G. Mylonas, der Leiter der jüngsten Ausgrabungen in Eleusis, vertrat kürzlich die den meisten bisherigen Ansichten entgegengesetzte Meinung, daß Dionysos überhaupt nichts mit Eleusis zu tun gehabt habe (*Eleusis and the Eleusinian Mysteries*, 275 ff.; das Argument wird weitergeführt in seinem ›Eleusis kai Dionysos‹, *Archaiologike Ephemeris*, 1960, erschienen 1965, 69-118). Zur Widerlegung dieser außerordentlich voreingenommenen Betrachtungsweise genügt wohl die Erwähnung von Pseudo-Demosthenes 59. 117. Die Rede richtet sich gegen eine gewisse Kurtisane namens Neaira, um einen Mann namens Stephanos anzuklagen, der illegal als Ehemann mit ihr zusammengelebt und mehrmals versucht hat, ihre außerehelichen Kinder als seine eigenen und damit als legitime Anwärter auf die athenische Bürgerschaft auszugeben. Eines von diesen Kindern war eine Tochter namens Phano, die Stephanos an einen verarmten Adligen verheiraten konnte, und diesem Mann beschied das Los, das Amt des Archon-Königs zu übernehmen, des sakralen Staatsoberhaupts, das für die religiösen Verrichtungen, darunter die eleusinischen Riten, zuständig war. Eine der Pflichten seiner Frau, die den Titel ›Königin‹ erhielt, war es, sich im Monat Anthesterion, am dritten Tag des Anthesterienfestes mit dem Gott Dionysos zu verloben und rituell zu begatten.

Diese uralte und mysteriöse Zeremonie gehörte zum eleusinischen Geheimwissen und war ausschließlich Frauen vorbehalten, die keusch und dazu gebürtige Athenerinnen waren; weder die eine noch die andere Bedingung konnte Phano erfüllen. Trotzdem führte sie freventlich das Ritual durch. Diesen Skandal vergleicht der Redner mit einem anderen, in den der eleusinische Hierophant Archias verwickelt gewesen war. Archias hatte beim Erntefest Haloa auf dem Altar im Hof des eleusinischen Heiligtums ein Tier geopfert, was eine illegale Handlung darstellte, da er es am falschen Tag und in Begleitung einer Kurtisane tat und überdies nicht einmal zur Durchführung eines solchen Rituals befugt war. Der Redner weist darauf hin, daß Archias für diesen Frevel trotz des edlen Standes seiner Familie bestraft wurde. Im Fall der Neaira würden die Geschworenen deshalb eine lächerliche Inkonsistenz an den Tag legen, falls sie die Tat der Neaira und ihrer Tochter ungesühnt ließen, die *›gegen denselben Gott‹* gefrevelt haben. Dieser Gott ist offensichtlich Dionysos, mit dem Phano freventlich vermählt worden ist; es ist derselbe Gott, der am Altar von Eleusis verehrt wurde, und es kann deshalb nicht sein, daß er, wie uns Mylonas glauben machen will, nichts mit der eleusinischen Religion zu tun hat.

Das Material, das Mylonas zum Beweis seiner Ansicht vorlegt, ist außerdem falsch interpretiert. In der *Siebenten Isthmischen Ode* beschreibt Pindar den Dionysos als *paredros* der Demeter, das heißt als jemanden, der auf dem Thron neben dem ihren sitzt (3-5). Eine solche Beziehung zwischen den beiden Gottheiten wird auch bei verschiedenen anderen antiken Autoren erwähnt (Aristides, *Orationes* 4.10; Kallimachos, *Hymne an Demeter* 70; Scholien zu Aristophanes, *Frösche* 338; Hippolytos, *Refut. Om. Haer.* 5. 20), die Mylonas allesamt als späte, eine bereits mit orphischem Gedankengut durchsetzte Religion beschreibende Quellen verwirft. Um mit dem aus dem fünften Jahrhundert stammenden Zeugnis Pindars zurechtzukommen, verlegt sich Mylonas auf eine kunstvolle Interpretation. Er erklärt, daß Demeter im Eleusinion von Athen bei ihrer alljährlichen Ankunft aus Eleusis in Gestalt der heiligen Gegenstände, der *hiera*, gastlich empfangen worden sei; auf ähnliche Weise sei auch Dionysos in seinem Theater zum jährlichen Großen Athenischen Dionysosfest oder -drama gastlich empfangen worden. Damit thronten nach Mylonas die beiden topographisch nebeneinander: Das Eleusinion befand sich in der nordwestlichen Ecke der Akropolis von Athen, das Theater des Dionysos stand unterhalb der südöstlichen Ecke. Mylonas glaubt, Pindar habe Athen dermaßen bewundert, daß er keine Gelegenheit zum Lobpreis der Stadt auslassen konnte. Selbst wenn eine solche Behauptung zutreffen sollte, läßt sie sich nicht auf die *Siebente Isthmische Ode* anwenden, da diese keine Möglichkeit zu einem Bezug auf Athen bietet. Die Ode wurde für einen thebäischen Sieger verfaßt, und Pindar kündigt ausdrücklich an, daß sie thebäische Themen zum Inhalt haben soll: Demeters Hilfe bei der Geburt ihres *paredros* Dionysos in Theben und die Empfängnis des göttlichen Kindes als goldener Schnee, der um Mitternacht in Theben fiel (1-6). Es ist unvorstellbar, daß Pindar in einem derartigen Zusammenhang einen Hinweis auf die Topographie von Athen beabsichtigt haben könnte oder daß dem thebäischen Auftraggeber ein verstecktes Lob auf eine rivalisierende Stadt in einem Preisgedicht auf ihn und seine Vaterstadt passend vorgekommen wäre. Das Thema des Gedichts ist ganz klar die wunderbare winterliche Geburt des göttlichen Sohnes und Demeters Dienst an dem Kind, ihrem zukünftigen mysteriösen Gatten, der an ihrer Seite auf dem Thron sitzen wird; denn das ist die Bedeutung eines *paredros* (vgl. Aristophanes' Parodie einer heiligen Hochzeit zwischen Pisthetairos und der *paredros* des Zeus in den *Vögeln*, 1754).

Hinsichtlich der ›mimischen Handlungen zur Dionysosgeschichte‹ (Stephanos Byzantios, s. v. *Agrai*) greift Mylonas zu einer außergewöhnlichen Deutung, um Dionysos aus dem Kleinen Mysterium ausschließen zu können. Er erweitert *mimema peri ton Dionyson* (wörtlich: ›mimische Darstellungen dionysischer Dinge‹) zur Bedeutung ›Spiele in Nachahmung von und ähnlich den Dramen, die im Theater zu Ehren des Dionysos stattfinden, jedoch mit Persephone und Demeter als Hauptpersonen an seiner Statt‹ (*Eleusis*, 277). Das ist tatsächlich eine außergewöhnliche Art, die Stelle zu übersetzen. Ferner dürfte es angesichts des Umstandes, daß es bei der Zeremonie von Agrai um den Raub der Persephone ging, schwerfallen, Hades auszuschließen, der nach Heraklit ausdrücklich mit Dionysos gleichgesetzt wurde, und zwar als Wirkprinzip der mänadischen Besessenheit im Winter, der Jahreszeit, in der inmitten von Schnee und Regen der vom Blitzschlag gezeugte Gott selber geboren wurde. Zudem besteht kein Hinweis darauf, daß das Heiligtum von Agrai am Ilissos irgendwelche Einrichtungen für Theateraufführungen besessen hätte, die auch nur entfernt mit denjenigen im Dionysostheater von Athen vergleichbar gewesen wären. Wir wissen von keinen Schauspielern oder Dichtern, die mit derartigen Aufführungen zu tun hatten. Wie ich bereits zu zeigen versuchte, bezieht sich die Stelle statt dessen vermutlich auf das ritualisierte Sammeln des dionysischen Kindes; der Pflanze, die für die Entführung des Mädchens in den Hades verantwortlich war.

Es ist auch zu beachten, daß in den *Thesmophoriazusen* des Aristophanes, in ihrer Gesamtheit eine Parodie auf die Wiedergeburt der Jungfrau, angenommen wird, die Frauen tränken bei einer eleusinischen Ritualfeier Wein, wobei sie vortäuschten, es handle sich dabei um ihre Säuglinge (630 ff.), und in diesen heiligen Orgien führt sie Dionysos, der donnergezeugte Sohn der Semele mit dem Efeu-*thyrsos* in der Hand in die tosenden Bergschluchten der Bräute (947 ff.).

Carl A. P. Ruck

Anmerkungen zum sechsten Kapitel

1 Pausanias 1. 38. 1-2.

2 Euripides, *Ion* 1074 ff.

3 Pindar, Frg. 121 (Bowra).

4 Homerische Hymne an Demeter (2) 476-82; Pindar, Frg. 121; Sophokles, Frg. 837 (Pearson); Euripides, *Hippolytos* 25.

5 Andokides, *Von den Mysterien* 31.

6 Vgl. Frisk, *Griechisches Etymologisches Wörterbuch* (Heidelberg 1961-70), der *mystes* von *myo* herleitet, einem Verb mit der Bedeutung ›sich schließen‹, besonders das ›Schließen‹ der Augen beim Einschlafen; ein *mystes* ist jemand, ›der die Augen schließt‹. Andere haben das Wort auf das ›Schließen der Lippen‹ oder ›zum Schweigen verpflichten‹ zurückgeführt. Hier ist vielleicht auch ein Hinweis auf Sophokles' Ödipus am Platz, der sein sterbliches Augenlicht verlor, um zu tieferen Einsichten zu gelangen, als Vorbereitung auf die schließliche Vollendung seines Lebens mit ihren deutlichen Anklängen an Eleusis.

7 C. Kerényi, *Eleusis: Archetypal Image of Mother and Daughter* (New York, Bollingen Series LXV 4 1967, übersetzt aus dem vom Autor auf Grund von Publikationen aus den Jahren 1960 und 1962 erarbeiteten deutschsprachigen Manuskript). Kerényi stellt richtig fest, daß die antiken Quellen wiederholt die Kandidaten für das Große Mysterium mit dem Terminus *mystai* bezeichnen; das wäre nicht der Fall, wenn die *mystai* erst nach der Hauptinitiation zu *mystai* geworden wären. Mylonas (G. Mylonas, *Eleusis and the Eleusinian Mysteries*, Princeton, New Jersey 1961) behauptete fälschlich, der Kandidat sei in Eleusis zum *mystes* geworden. Infolgedessen ist Mylonas zur Annahme gezwungen, daß gewisse *mystai* später durch eine Initiation zweiten Grades in Eleusis zu *epoptai* geworden seien. Es bestehen keine Hinweise auf eine derartige zweite Initiation.

8 Plutarch, *Themistokles* 15; *De Profectu in Virtute* 81 d-e; Hippolytos, *Refutatio Omnium Haeresium* 5. 8. 40; vgl. das Licht, das Metaneiras Palast in Eleusis beim Eintritt der Demeter erfüllt: Homerische Hymne 2. 189.

9 Plutarch, *Alkibiades* 19.

10 Vgl. die Verwendung des Ausdrucks *ta hiera* bei Demosthenes (›Gegen Neaira‹) 59. 77 ff.

11 *Papiri della Reale Università di Milano*, vol. 1, ed. A. Vogliano, (Milano 1937), 177. Vgl. W. F. Otto, ›Der Sinn der Eleusinischen Mysterien‹, *Eranos Jahrbuch* VII (1939) 83-112. Dieselbe Überlieferung von Herakles, der Persephone im Hades sieht, findet sich bei Apollodoros 2. 5. 12.

12 Euripides, *Herakles* 613.

13 Sopatros 339. 25 (C. Walz, *Rhetores Graeci* VII, p. 123), mit der Korrektur von Lenormant.

14 Platon, *Phaidros* 250 c. Daß Platon seine Version der mystischen Vision derjenigen von Eleusis entgegensetzt, belegt seine Verwendung der Wörter für die beiden Einweihungsgrade, *myesis* und *epopteia*, in diesem Zusammenhang.

15 Pausanias 10. 32. 17.

16 Herodot 8. 65.

17 Aristides, *Panathenaikos* 373.

18 Clemens Alexandrinus, *Protreptikos*. 2. 18.

19 Isokrates 1616; vgl. die Komödie *Die Küche oder nächtliche*

Tischgesellschaft des Pherekrates, welche die Ereignisse im Haus des Pulytion parodiert, wo eine besonders berüchtigte Profanierung vorkam: vgl. D. MacDowell, Commentary on Andocides' *On the Mysteries* (Oxford 1962) appendix N.

20 Plutarch, *Alkibiades* 19; Lysias, *Gegen Andokides* 51.

21 Clemens Alexandrinus, *Protreptikos* 2. 18.

22 Homerische Hymne 2. 206–11.

23 C. Watkins, 1977 vor Linguistengruppen an der Yale- und der Oxford University gehaltener Vortrag: Watkins vergleicht den Trank der Kirke (Homer, *Odyssee* 10. 233 ff., 314 ff.), Demeters *kykeon* (Homerische Hymne 2. 210) und den Trank des Nestor (Homer, *Ilias* 11. 634 ff.).

24 Vgl. N. J. Richardson, *The Homeric Hymn to Demeter* (Oxford 1974) 66.

25 Orphische Hymne, Frg. 52 (Kern).

26 Tafel der Niinnion, Nationales Archäol. Museum Athen.

27 Vgl. Frisk, *Griechisches Etymologisches Wörterbuch.*

28 Scholien zu Nikandros, *Alexipharmaka* 7–8, 217.

29 *Inscriptiones Graecae* I^2 313, 17314.

30 Vgl. Kerényi, *Eleusis*, Anhang 2.

31 Anaxandrides 41. 27; Galen 18 (1). 574; Hesychios.

32 *IG* I^2 313, 31423.

33 Polemons Abhandlung über das ›Heilige Vlies des Zeus‹, zitiert bei Athenaios 11. 476 e–f, 478 c–d.

34 Pollux 4. 103.

35 Scholion zu Nikandros, *Alexipharmaka* 217.

36 Zitiert bei Athenaios 11. 478 d.

37 Plutarch, Frg. 178 (Stobaios 4. 52. 49, p. 1089 H); Themistios, *Rede* 20. 235.

38 Clemens Alexandrinus, *Protreptikos* 2. 19.

39 Aristoteles, Frg. 15, zitiert in Synesios' *Rede* 48.

40 Hippolytos, *Refutatio Omnium Haeresium* 5. 40.

41 Scholien zu Aristophanes, *Plutos* 1013; Athenaios 6. 253 zitiert ein Fragment einer Ode von Duris, einem Historiker von Samos aus dem vierten oder dritten Jahrhundert v. Chr., in dem Demeter zur Feier der Mysterien ihrer Tochter erscheint; Hippolytos, *Refutatio* 5. 8.

42 Homerische Hymne 2. 8, 428.

43 Plutarch 2, 647 b. Zu den toxischen Eigenschaften der Pflanze vgl. Dioskurides, *de Materia Medica* 4. 161. Ob es sich beim *narkissos* tatsächlich um den *Narcissus poeticus* handelt, mit dem er im allgemeinen identifiziert wird, kann nicht sicher festgestellt werden; einige Mitglieder der Gattung *Narcissus* sind wirklich giftig.

44 Die erhaltenen Fragmente sind jetzt im Staatlichen Museum von Berlin.

45 Phanodemos, Frg. 4 (Jacoby).

46 Platon, *Phaidros* 229 c. Die Verunglimpfung der ekstatischen Hochzeit stimmt mit dem allgemeinen Kontext des Dialogs überein, denn Sokrates' Geringschätzung von Phaidros' Verführungsversuch wie auch seine Kritik an Lysias' Abhandlung über die Liebe dienen als Vorspiel zur Darstellung einer anderen Version der ekstatischen Reise, die auf eine mystische Schau in himmlischen anstatt in chthonischen Gefilden hinzielt. Der Umstand, daß das Kleine Mysterium ebenso wie das Große entweiht werden konnte, scheint ein weiterer Hinweis darauf zu sein, daß in Agrai irgendwie eine Droge im Spiel war (Scholien zu Aristophanes, *Vögel* 1073-74).

47 Pausanias 1. 38. 2. Die Genealogie des Eumolpos ist eine durchsichtige Allegorie, denn seine Mutter, die Tochter von Pharmakeias Gefährtin, war der ›Schnee‹, Chione, wie er im Winter in Agrai anzutreffen war.

48 Pausanias 1. 38. 3. Die Keryken selbst bezeichneten sich als Nachfahren der Aglauros. Auch diese Genealogie hat kräuterkundliche Bedeutung, denn Aglauros, die ›Edle‹, war eine der Töchter des ersten Königs von Athen. Diese Töchter zogen das Pflegekind der Athene groß, den schlangenartigen Erichthonios, der vom Samen des Hephaistos aus der Erde wuchs. Den Töchtern war gesagt worden, sie dürften den Korb, in dem Erichthonios verborgen war, nicht öffnen, aber sie gehorchten nicht, und der Anblick des Kindes bewirkte tödlichen Irrsinn (Pausanias 1. 38. 3; Euripides, *Ion* 21 ff., 270 ff.). Einigen Berichten zufolge sollen sie in Wirklichkeit am Biß der Schlange gestorben sein (Apollodoros 3. 187). Kreusa, die athenische Königin, pflückte in Gesellschaft dieser Töchter *krokos*-Blumen, als sie Ion empfing (Euripides, *Ion* 889), einen Helden, dessen Transsubstantialität mit einer giftigen Blume die etymologi-

sche Grundlage für seinen Namen bildet [vgl. C. Ruck, ›On the Sacred Names of Iamos and Ion: Ethnobotanical Referents in the Hero's Parentage‹, *The Classical Journal* 71/3 (1976) 235-52].

49 Aristophanes, *Wolken* 187-92; vgl. 255 ff. für den deutlichen Hinweis, daß die Szene als Parodie einer Mysterieneinweihung gedacht ist. Bei Pseudo-Dioskurides, *de Materia Medica* 4. 158 wird *bulbos* (›Zwiebel‹) mit *narkissos* gleichgesetzt. In den *Ekklesiazusen* 1091 ist ein Brei aus ›Zwiebeln‹ ein Aphrodisiakum; der *kykeon* selbst ist ein Aphrodisiakum im *Frieden* 712.

50 Eurydike fiel einem tödlichen Schlangenbiß zum Opfer, als sie vor Aristaios floh (vgl. Vergil, *Georgica* 4. 454 ff. etc.), dem ›Besten‹, der seinerseits bei der Entführung der Kyrene durch Apollon nach Libyen empfangen wurde (Pindar, *Pythier* 9). Da er in einer anderen Welt geboren wurde, könnten wir vermuten, daß sein Name ein Epitheton für den Herrn jener Welt wäre; im gleichen Sinn nannten die Griechen die unheilvolle linke Seite die ›bessere‹.

51 Euripides, *Ion* 889. Kreusa pflückte die Blume *krokos*. Auch Europa pflückte Blumen, als Zeus in der Gestalt eines ›*krokos*-schnaubenden‹ Stiers sie in eine andere Welt entführte (Moschos 2. 68; vgl. Scholion zu Homer, *Ilias* 12. 292, Hesiod, Frg. 140, Merkelbach und West).

52 Helena pflückte *rhodon*-Blumen, als sie nach Ägypten entführt wurde (Euripides, *Helena* 243 ff.), in das Land, aus dem traditionellerweise alle ihre Kenntnisse über Drogen stammten (Homer, *Odyssee* 4. 227-32). *Rhodon*, die ›Rose‹, war auch die von Europa gepflückte Blume (Moschos 2. 70). Oreithyia wurde ebenfalls beim Blumenpflücken geraubt (Choirilos, Frg. 5, Kinkel). Für weitere Überlegungen zum Thema der Entführung von Jungfrauen beim Blumenpflücken und für die chthonischen Nebenbedeutungen der in diesen Berichten vorkommenden Blumen vgl. Richardson, *The Homeric Hymn to Demeter*, 140-44.

53 Vgl. Siegelring aus Gräberkreis A in Mykene, ca. 1500 v. Chr., Nationales Archäologisches Museum Athen, Nr. *Pi* 992: eine Gruppe von Frauen bringt einer unter einem heiligen Baum sitzenden Göttin Blumen dar; der Baum wird geschüttelt, um seine metaphysische Kraft zu aktivieren. Der sakrale Charakter der Szene wird durch das gleichzeitige Scheinen von Sonne und Mond über einer

Wolkenschicht und durch die Doppelaxt unter den kosmischen Erscheinungen angedeutet; eine analoge Darstellung des zeitlosen Punktes von Tod und Erneuerung. Am einen Rand, gegenüber dem Baum, gipfeln sechs Stierschädel in der Apotheose einer im Himmel schwebenden männlichen Gestalt. Siegelring aus Isopata, Museum von Herakleion: eine Frauengruppe tanzt inmitten von Blumen; darüber erscheint die Apotheose einer Göttin, neben ihr ist ein einzelnes Auge, das den visionären Charakter des Ereignisses symbolisiert.

54 Heraklit, Frg. 15 (Diels).

55 Theophrast, *Historia Plantarum* 9. 16. 2.

56 Dioskurides, *Alexipharmaka* 2. 176; vgl. Plinius, *Historia Naturalis* 24. 75.

57 Homerische Hymne 26. 5; etc. Es gab ein Nysa auf dem Parnass (Servius, Über Vergil, *Aeneis* 6. 805; Scholion zu Aischylos, *Perser* Prolog 2), ein anderes auf dem Helikon (Strabon 9. 405; vgl. Homer, *Ilias* 2. 508) und eines in Euboia (Sophokles, *Antigone* 1131; Euripides, *Bakchen* 556). Die Geburt des Dionysos ereignete sich in einem Nysa in der Nähe des Nils (Hyginus 1. 8 ff.), einem Nysa in Äthiopien (Herodot 2. 146, 3. 97), einem in Arabien (Diodorus Siculus 3. 66. 3), oder auch in einem Nysa in Libyen (Diodorus Siculus 3. 66. 4) und einem in Skythien (Plinius, *Hist. Nat.* 5. 74). In Karien gab es ein Nysa mit einem Kult der Demeter, der Kore und des Plutos an einem ›Die Wiese‹ genannten Platz, wo die heilige Hochzeit der Jungfrau gefeiert wurde (Strabon 14. 1. 45). Ebenfalls in Nysa wandte sich Lykurgos gegen die Lustbarkeiten der Mänaden, indem er sie wie ein zweiter Pentheus jagte (Homer, *Ilias* 6. 130 ff.). Nysa war außerdem der Name der Ammen des Dionysos [Terpandros, Frg. 8; ebenso auf einer archaischen Vase von Sophilos, *Archäologisch-epigraphische Mittheilungen aus Österreich-Ungarn* 14 (1889) Pl. 1].

58 Die Etymologie von Nysa ist nicht sicher, doch scheinen folgende Wörter verwandt zu sein: *nystazo*, ›einnicken‹, ›dösen‹, eine Reaktion, die man der Wirkung des *narkissos* zuschrieb; *nysos*, ein thrakisches Wort für ›Braut‹ und *nysso*, ›stechen‹. In der Kräuterkunde wurde die dem Dionysos eigene Pflanze *kissos*, der ›Efeu‹, *nysa* genannt (Pseudo-Dioskurides, *de Materia Medica* 2. 179). Als Bedeu-

tung von Dionysos' Namen wird oft ›Zeus von Nysa‹ oder ›Göttlicher Bräutigam‹ angenommen.

59 Für Besprechungen der antiken Weinherstellungstechnologie vgl. R. Billiard, *La Vigne dans l'Antiquité* (Lyon 1913); D. and P. Brotherwell, *Food in Antiquity* (New York/Washington 1969) = Bd. 66 von *Ancient Peoples and Places*; G. Curtel, *La Vigne et le vin chez les Romains* (Paris 1903); R. J. Forbes, ›Chemical, Culinary, and Cosmetic Arts‹, *A History of Technology* (Hg. C. Singer, E. Holmyard, A. Hall) (Oxford 1956) Bd. 1, Kap. 11, pp. 238-98; Forbes, *Short History of the Art of Distillation* (Leiden 1948); H. Hodges, *Technology in the Ancient World* (London 1970); E. Hyams, *Dionysus: A Social History of the Wine Vine* (New York 1965); A. Neuburger, *Die Technik des Altertums* (Leipzig 1920), englische Ausgabe New York 1930, Neudruck 1969; C. Seltman: *Wine in the Ancient World* (London 1957).

60 Stärker konzentrierter Alkohol kann auch durch Einfrieren des Weins und Entfernen der Eiskristalle hergestellt werden; dieses Vorgehen wurde in nördlichen Klimazonen angewandt, die Griechen kannten es jedoch nicht.

61 Homer, *Odyssee* 9. 208-11.

62 Euripides, *Kyklops* 145 ff.

63 Plinius, *Hist. Nat.* 14. 53; vgl. Pollux 6. 16.

64 Athenaios 10. 425 ff.

65 Alexis, Frg. 94 (Edmonds).

66 Vom Wein aus Thasos beispielsweise waren zwei Arten bekannt, von denen die eine ein Schlafmittel war, die andere ein Stimulans (Plinius, *Hist. Nat.* 14. 117). Für weitere Zeugnisse zu den gegensätzlichen Wirkungen von Weinen vgl. Aelian, *Varia Historia* 13. 6; Theophrast, *Hist. Plant.* 6. 18. 10; Athenaios 1. 31.

67 Eubulos, Frg. 94 (Edmonds).

68 Vgl. die sog. ›gekochten Weine‹, die *hephthoi oinoi*, Athenaios 10. 31.

69 Aelian, *Var. Hist.* 12. 31; vgl. Diphilos, Frg. 17. 10 (Edmonds).

70 ›Weihrauch‹, *Libanotes*, bewirkte Wahnsinn und, in großen Mengen mit Wein vermischt genossen, sogar den Tod (Dioskurides, *de Mat. Med.* 1. 81). ›Myrrhe‹, *smyrna* war ein Schlafmittel (Diosk. 1. 77), ebenso wie das ›Majoranöl‹, *amarakon* (Diosk. 1. 68) und das ›Krokusöl‹, *krokos* (Diosk. 1. 64). Plinius stellt außerdem fest, daß

dem Wein beigefügte Alpenveilchen dessen berauschende Eigenschaften verstärken (*Hist. Nat.* 25. 67). Derselbe Autor berichtet auch, daß dem Wein Oleander beigefügt wurde, um seine Rauschwirkung zu intensivieren; die Wurzel war ein Schlafmittel, und der Saft bewirkte Irrsinn (*Hist. Nat.* 21. 45).

71 Homer, *Odyssee* 4. 220 ff.

72 Euripides, *Elektra* 497-9.

73 Xenophon, *Hellenika* 6. 2. 6.

74 Aristophanes, *Frösche* 1150.

75 Aristophanes, *Acharner* 190 und Scholien.

76 Platon, zitiert bei Diogenes Laertios 3. 39.

77 August Frickenhaus, *Lenäenvasen*, 72. Winckelmanns Programm, (Berlin 1912). Weitere Beispiele sind erwähnt bei A. Picard-Cambridge, *The Athenian Dramatic Festivals*, (Oxford 1962) 30. Diese Vasen zeigen die Verehrerinnen des Gottes in ekstatischem oder verwirrtem Bewußtseinszustand beim Mischen von Wein in einem *krater*, einem ›Mischgefäß‹ auf einem Tisch, hinter dem die maskierte Säule des Gottes steht. Auf dem Tisch oder darunter aufgehängt sind verschiedene Pflanzen und Kräuter. Auf einer dieser Vasen ist eine Frau dargestellt, die gerade einen Kräuterzweig in den *krater* gibt.

78 Athenaios 10. 436 = *Anthologia Palatina* 7. 454.

79 Hermippos, Frg. 44 (Edmonds).

80 Diogenes Laertios 2. 120; 4. 44, 61, 64; 7. 184; 10. 15-6.

81 Chares von Mytilene, zitiert bei Athenaios 10. 437 (= Frg. 118, Müller).

82 Herodot 6. 75-84; Athenaios 10. 436.

83 Ein im Bett des Ilissos gefundes Relief (Nationales Archäologisches Museum Athen) stellt dar, wie Herakles mit Hermes zur Initiation nach Agrai kommt; beide tragen *choes*, die krugförmigen Vasen, die für den zweiten Tag des dreitägigen Anthesterienfestes charakteristisch sind.

84 Plutarch 3. 655 e.

85 Katalog und Besprechung dieser Vasen in: G. van Hoorn, *Choes and Anthesteria* (Leiden 1951).

86 Aristophanes, *Acharner* 1166-7. Als Ursprung der Sitte, bei den Anthesterien aus *choes* zu trinken, betrachtete man den Besuch des wahnsinnigen Orestes in Athen zur Zeit des Festes. Weil er durch den

Mord an seiner Mutter Klytaimnestra, die ihn mit einer Meute von Rachedämonen aus dem Hades verfolgte, unrein war, konnten die Athener den Wein und die Speisen des Festes nicht von gleich zu gleich mit ihm teilen und führten statt dessen die Sitte ein, die Gastfreundschaft nicht an einer gemeinsamen Tafel, sondern mit individuellen Tischen und Weinkrügen anzubieten; ein Vorgehen, das von da an bei den Anthesterien gebräuchlich blieb, so daß die Geister, die zum Festmahl erschienen, bewirtet und dennoch auf angemessene Distanz gehalten werden konnten. Die *choes*-Vasen stellen häufig Szenen aus diesem Mahl dar; man sieht etwa, wie der ungestüme Gast oder chthonische Bluthunde die Tafelrunde aufstören. Orestes war ein typisches Beispiel für den wilden, dämonischen Gast bei einem Gelage; in den *Acharnern* verflucht der Chor bei der Vorbereitung auf die Lustbarkeiten des Trinkgelages den *choregos*, der die Bezahlung seiner Dienste am Lenäenfest schuldig geblieben war: man hofft, ein Höllenhund aus dem Hades werde seinen Tintenfisch vom Bratrost wegschnappen, und wenn er in der Nacht fiebernd und halluzinierend nach Hause komme, werde der rasende, betrunkene Orestes seinen Schädel spalten, während er auf der Suche nach einem Gegenstand zum Parieren des Angriffs in einen Kothaufen greife.

87 Aristophanes, *Wespen* 12 ff.; vgl. 213 für einen Hinweis, daß die veränderte Wahrnehmung von etwas Getrunkenem bewirkt wurde.

88 Die dunklen, saftigen Beeren der *mandragora (Atropa belladonna)*, der ›Tollkirsche‹, wurden sowohl dem Aussehen wie der hypnotischen Wirkung nach mit der Weintraube verglichen (Xenophon, *Symposion* 2. 24; Theophrast, *Hist. Plant.* 6. 2. 9.; Hesychios, s. v. *mandragora*). ›Bilsenkraut‹ *(Hyoscyamus niger)* hatte gleichfalls eine Wirkung ›wie Wein‹ (Plinius, *Hist. Nat.* 25. 35-7; vgl. 15. 30. 23. 94); der davon ausgelöste Rausch glich der Betrunkenheit (Dioskurides, *de Mat. Med.* 6. 15). Das Bilsenkraut selbst war wegen seiner berauschenden Eigenschaften als Getränk beliebt (Xenophon, *Oikonomikos* 1. 13), besonders bei der Jugend (Pherekrates, Frg. 72, Edmonds).

89 Theophrast, *Hist. Plant.* 9. 8. 8.

90 Dioskurides, *de Mat. Med.* 4. 162.

91 Nikandros, *Alexipharmaka* 521 ff.; Plinius, *Hist. Nat.* 9. 5.

92 Vergil, *Aeneis* 2. 471.

93 Zum Beispiel galt die ›Christrose‹ als so wirksam, daß sie die Sammler beim Ausgraben vergiften konnte, wenn sie sich zu lange dabei aufhielten, da das Gift durch die Haut aufgenommen werden konnte (Theophrast, *Hist. Plant.* 9. 8. 6.). Um die narkotischen Wirkungen der Pflanze aufzuheben, aßen die Wurzelgräber Knoblauch, tranken unverdünnten Wein, beteten zu Apollon und Asklepios und hielten Ausschau nach dem Flug des Adlers, der als Schutztier der Pflanze galt (Theophrast, *Hist. Plant.* 9. 10. 3.). Im Falle des ›Bilsenkrauts‹ (*Hyoscyamus niger* etc.) und des *silphion* (einer eßbaren magischen Substanz, die wahrscheinlich aus verschiedenen von Afrika eingeführten Kräutern bestand) wurde ein Vogel an die Pflanze gebunden, damit dieser anstelle des Kräutersammlers das eigentliche Ausreißen besorgte und damit den Unwillen der Pflanze auf sich zog (Aelian, *Varia Historia* 9. 32). Die Zauberpflanze *glykyside*, der ›süße Granatapfel (?)‹ stand in Beziehung zum Specht und mußte in der Nacht gesammelt werden, da sonst das Schutztier dem Kräutersammler die Augen auspickte oder ihn unzüchtig belästigte; eine Gefahr, die vermuten läßt, daß das Pflücken der Pflanze ebenfalls mit erotischen Gesten irgendwelcher Art verbunden war (Theophrast, *Hist. Plant.* 9. 8. 6; vgl. Plinius, *Hist. Nat.* 25. 29).

94 Eine *pelike*-Vase aus dem fünften Jahrhundert, British Museum Kat. Nr. III 387 no. E 819: eine Gruppe von Pflanzen ist als aus dem Boden sprießende *phalloi* dargestellt; eine Kräutersammlerin streut aus einem Kästchen irgendwelches Mehl darüber, offenbar, um sie anschließend zu pflücken. Eine spezifische literarische Erwähnung erotischer Mimikry findet sich in der *Sechsten Olympischen Ode* von Pindar, wo die Blumenfrau Euadne in einer orgasmischen Geburt das wunderbare Kind Iamos, einen zukünftigen Hellseher, zur Welt bringt, dessen Namen der Dichter von *ios*, ›Toxin‹ und der Blume *ion* herleitet (vgl. Ruck, ›On the Sacred Names of Iamos and Ion‹).

95 In der Tragödie können weitere Hinweise auf ein botanisches religiöses Thema festgestellt werden. Man wird des Todes von Hippolytos mit einem Ritus gedenken, in dem Mädchen den Tod des jungfräulichen Knaben beweinen, wenn sie selbst seinen reinen Garten durch den Übergang zur Mutterschaft verlassen (Euripides, *Hippolytos* 1425). Sein Tod ist zudem ein Gegenstück zum Schicksal von

Adonis, dem Geliebten der Aphrodite, der ebenfalls mit einem besonderen Garten in Verbindung gebracht wurde, und dem das Ritual der Adonia gewidmet war, bei dem Frauen seinen durch die allzu heiße Flamme ihrer Sexualität verursachten Tod (in der Form von verdorrten Topfgärtchen) beweinten. Hippolytos ist ein illegitimes Kind, dessen Gegenwart die eheliche Solidarität zerbricht; Adonis wurde rituell geopfert, um die durch die Verlockungen des Kurtisanenlebens bedrohte Keuschheit von Ehefrauen wiederherzustellen (vgl. M. Detienne, *Les Jardins d'Adonis*, Paris 1972). Das Zusammentreffen von Phaidra und Hippolytos im Kontext der Eleusinischen Mysterien läßt ein eleusinisches Thema in der Tragödie vermuten.

96 In Euripides' *Iphigenie in Aulis* zum Beispiel wird das Mädchen an einem der Artemis heiligen Ort mit dem Tod vermählt (1463, 1544). Ihre Hochzeit auf jener Blumenwiese war eine Hochzeit mit Hades, und in *Iphigenie bei den Taurern* (›Stierleuten‹) vom selben Dichter sieht man Iphigenie in einer anderen Welt; einer Welt mit dionysischen Konnotationen, in der sie die Rolle einer Todespriesterin im Dienst eines gefangengehaltenen Bildnisses der Artemis spielt; sowohl sie als auch das Bildnis werden von Artemis' Bruder Apollon und dem in seinem Dienst stehenden Orestes, dem Bruder Iphigenies, aus der Gefangenschaft befreit. Das in Brauron (heute Vraona) durchgeführte Ritual wird am Ende der Tragödie gestiftet (1446 ff.) und bekräftigt das Thema des Stücks, die Entführung und Errettung der Jungfrau. Iphigenie war vermutlich eine Nebenform von Artemis selber (Pausanias 2. 35. 1; Hesychios). Man sagt, daß in Brauron ein Bär anstelle von Iphigenie den Opfertod erlitt (Scholien zu Aristophanes *Lysistrata* 645); zur Feier der Errettung des Bildnisses führten in Brauron Frauen und Mädchen einen Tanz als ›Bären‹ auf, vermutlich, weil die Überwinterungsgewohnheiten dieses Tieres es zu einem passenden Symbol für die chthonische Prüfung der Jungfrau machten.

97 ›Nieswurz‹ zum Beispiel wurde sowohl als Ursache von Irrsinn wie auch als Heilmittel dagegen betrachtet (Menandros, Frg. 69, Edmonds); Frauen trugen die Pflanze zum Schmuck (Nikostratos, Frg. 33, Edmonds; Aristophanes, Frg. 321. 6, Edmonds), und man streute sie zur Abwehr gegen böse Geister um die Häuser herum.

Man nannte sie auch *Melampodion*, nach dem Ziegenhirten Melampus (›Schwarzfuß‹), der die Töchter des Proteus von ihrem Wahnsinn geheilt haben soll. Eine ähnliche Dualität von Toxinen findet möglicherweise in der tragischen Literatur ihren Niederschlag in der Gegenüberstellung der angenehmen, im Rahmen des gesellschaftlichen Rituals des *symposion* herbeiführten Trunkenheit und der unzeremoniellen oder asozialen Erfahrung des alkoholischen Irrsinns (vgl. Sophokles, *Philoktetes*, *Aias*; Euripides, *Herakles*, *Bakchen*). Als weiteren Beleg für die Doppelwirkung einer Droge ist Theophrasts Beschreibung von *akoniton* (*Aconitum anthora* etc.) zu erwähnen, das gewisse Kräuterkundige mit Wein oder Honig vermischen konnten, so daß es keine schlimmen Wirkungen zeitigte, während es in anderen Zubereitungsformen unweigerlich zum Tode führte, und zwar im festgelegten Augenblick, bis zu zwei Jahren nach der Einnahme der Dosis (*Hist. Plant.* 9. 16. 4–5).

98 Homerische Hymne 26. Vgl. auch die gegensätzlichen Haltungen der Hüterinnen der Droge in der Überlieferung von den Pharmakiden, den ›Töchtern der Droge‹, die in zwei Gruppen eingeteilt waren, eine gute und eine schlechte, von Hera bei der Geburt des Herakles in Theben ins Leben gerufen (Pausanias 9. 11. 2). Eine eindrückliche Darstellung der botanischen Transsubstantialität von Herakles findet sich auf einer griechischen Vase (Frank Brommer, *Vasenlisten zur griechischen Heldensage*, 1956, 40 D 1), wo man sieht, wie der Held auf einem Berg von der sonst als seine Erzfeindin bekannten Hera gesäugt wird; Athene, die ihn Hera soeben zum Stillen übergeben hat, bietet der Göttin ein Kraut dar.

99 Plutarch 299 e; Aelian, *Varia Historia* 3. 42; Apollodoros 3. 4. 3, 3. 5. 2, 2. 2. 2; Nonnos 47. 484 ff., 48. 917 ff., 9. 49 ff.

100 Vgl. die *omophagia*, das ›Rohverschlingen‹, wie es für gewisse dionysische Orgien kennzeichnend war.

101 Ovid, *Metamorphosen* 3. 278; Hyginus, *Fabulae* 167, 179; Nonnos 8. 193 ff.

102 Hyginus, *Fabulae* 167.

103 Scholien zu Aristophanes, *Frösche* 330, Scholien zu Pindar, *Isthmische Ode* 3. 88. Wie in den *Fröschen* des Aristophanes trugen die Eingeweihten solche Zweige, wenn sie Persephone zurückverlangen gingen.

104 Homerische Hymne 1. 21 etc.

105 Die beiden Mänadengruppen im Stück, die fremden, glückseligen Asiatinnen und die elenden Thebäerinnen, müssen am Schluß der Tragödie paradoxerweise die beiden gegensätzlichen Arten ihrer Gotteserfahrung in ein und derselben ekstatischen Horde miteinander vereinigen (1167).

106 *Hydria* aus Nola, *Archäologische Zeitung* 26 (1888) 3-5 Taf. 3 (= Abbildung 5 in Roscher, s. v. Orpheus): Orpheus wird von einer Thrakerin mit einem Mörser in Gegenwart eines Satyrs angegriffen. Andere Vasenbemalungen stellen sein weissagendes Haupt dar, das auch in Aischylos' Tragödie *Bassarai* vorkommt.

107 A. D. Trendall, *Frühitaliotische Vasen* Taf. 24: Dionysos als Zagreus, der ›Jäger‹, mit Mohnkapseln bekränzt und von Mänaden bedient.

108 Attische rotfigurige *amphora*, ca. 470, Boston Museum of Fine Arts, Nr. 01. 8028: tanzende Mänade und flötespielender Satyr.

109 Vgl. Anhang: Zur Frage des Dionysos in Eleusis. S. 156 ff.

110 Den Erinnyen, die die uralten chthonischen Ansprüche des Mutterrechts personifizierten, wurde ebenfalls kein Wein geopfert. Als in Sophokles' *Oidipus auf Kolonos* der im Rausch empfangene und im Winter geborene Held (Aristophanes, *Frösche* 1190), der seine eigene Mutter geheiratet hatte, sich dem Ort seines Todes nähert, eines Todes, der Aspekte des Eleusinischen Mysteriums aufweist (1663-6), betont der Dichter dessen Nüchternheit (100) beim Eintritt in den Hain der Erinnyen, wo er am Ende seiner sterblichen Blindheit sehen kann, als er dem Eingang zur anderen Welt entgegengeht.

111 C. Kerényi und C. Jung, *Einführung in das Wesen der Mythologie: Gottkindmythos – Eleusinische Mysterien* (1941, engl. Übersetzung New York 1949 ff.); S. Pomeroy, *Goddesses, Whores, Wives, and Slaves* (London 1975) 62-5.

112 Aischylos, *Prometheus* 7, 478 ff.; etc.

113 Hesiod, *Theogonie* 536.

114 Pausanias 1. 13. 2.

115 Ibid.

116 Pausanias 1. 14. 3.

117 C. Watkins, *Indo-European Studies* II, 431 Anm. 19; 370 = *Harvard Studies in Classical Philology* 79 (1975), 182.

118 Pausanias 1. 38. 6.

119 Kerényi, *Eleusis*, Appendix 1.

120 Theophrast, *Hist. Plant.* 9. 16. 1–3; Plinius, *Hist. Nat.* 20. 156.

121 Im *Frieden* des Aristophanes, einer Parodie auf die Wiedergeburt der Jungfrau, will *Trygaios*, der ›Mann des Weinsatzes‹ eben seine neue Gattin Opora, die ›Ernte‹, umarmen, als er feststellt, daß er keine Erektion hat; Hermes, der ihm geholfen hat, Opora aus der Erde auszugraben, rät ihm, einen ›*kykeon* aus *blechon*‹ zu trinken (712). Die Anspielung auf den eleusinischen Trank war in diesem Zusammenhang unmißverständlich. Vgl. den aphrodisischen Brei aus ›Zwiebeln‹ in Aristophanes' *Ekklesiazusen* (1091–2).

122 Aristophanes, *Lysistrata* 87–9.

123 Vgl. M. Detienne, *Les Jardins d'Adonis*.

124 Dioskurides, *de Mat. Med.*, 3. 34. 1, 2; Plinius, *Hist. Nat.* 20. 147; Hippokrates, *Alimentaria* 2. 54. 4.

125 Die Pflanze hieß *agnos*, der ›keusche Baum‹ (*Vitex Agnuscastus*); der Gedanke der Keuschheit ist durch ein Wortspiel auf *hagnos*, ›keusch, heilig‹ damit assoziiert. Für Belegstellen vgl. Liddell-Scott, *Greek-English Lexicon*.

126 Ovid, *Metamorphosen* 10. 728; Aristokles, *Fragmenta Graecorum Historicorum* 33 F 2 C, Jacoby; Scholien zu Aristophanes, *Plutos* 313; Scholien zu Nikandros, *Alexipharmaka* 375; Strabon 8. 3. 14; Oppianos, *Halieutika* 3. 486–97; Pollux 6. 68; Photios, s. v. *mintha*.

127 Pausanias 1. 39. 1. Der Brunnen hieß auch *Kallichoron*, der ›Brunnen der schönen Tänze‹; es soll angeblich derselbe Brunnen sein, der heute noch außerhalb der Mauer des Heiligtums neben dem Tor zu sehen ist. Hier tanzen die Initianden in Euripides' Beschreibung der Mysteriennacht vor dem Eintritt in das Heiligtum (*Ion* 1074 ff.)

128 Hesiod, *Theogonie* 450; Homerisches Epigramm 12.

129 Pausanias 2. 30. 2. Vgl. das bei Lykophron, *Alexandra* 1175, der Brimo, einer Doppelgängerin der Hekate zugeschriebene Epitheton *trimorphos*, ›Dreigestaltige‹.

130 Euripides, *Ion* 1048.

131 Nach Iphigenies Hochzeit mit dem Tod wurde sie eine Hekate; Pausanias 1. 43. 1.

132 Sophokles, *Antigone* 1199 mit Scholien.

133 Pausanias 8. 25. 4.

134 Pausanias 8. 25. 5-7.

135 Euripides, *Medea* 394 ff.

136 Homerische Hymne 2. 227-30.

137 Die Kremation wurde in Eleusis ebenso wie die Beerdigung von der Frühzeit an und während der ganzen klassischen Periode praktiziert: vgl. Mylonas, *Eleusis* 60-1, 128. Vgl. auch die *Hiketiden* des Euripides, ein Stück, das im eleusinischen Heiligtum spielt und mit dem Sprung der Euadne von der Tempelmauer auf den brennenden Scheiterhaufen ihres Gatten im Inneren endet.

138 Vgl. die sogenannte ›Urna Lovatelli‹, Museo Nazionale Romano, Rom; sowie den sog. ›Sarkophag von Torre Nova‹, Palazzo Spagna, Rom.

139 Xenophon, *Hellenika* 6. 3. 6.

140 Vgl. Euripides, *Herakles* 613; Apollodoros 2. 5. 12.

141 Apollodoros 2. 5. 12; Diodorus Siculus 4. 14; Scholien zu Aristophanes, *Plutos* 1013.

142 Vgl. Ruck, ›Duality and the Madness of Herakles‹, Arethusa 9/1 (1976) 53-75.

143 Hippolytos, *Refut. Om. Haer.* 5. 8.

144 Themisios, zitiert in Stobaios, *Florilegium* 120. 28.

145 Apollonios Rhodios 3. 861-2: Brimo heißt *kurotrophos* als Amme Hekate und auch als ›Königin beim Unterweltsvolk‹, d. i. Persephone. Vgl. auch das Orphische Frg. 31 (Kern); Lukian, *Nekyomanteia* 20.

146 Homerische Hymne 2. 480-9. Mylonas vertritt dagegen eine äußerst enge allegorische Sicht der Geburt des Plutos, des ›Reichtums‹ als Lohn der erfolgreichen Bodenbebauung (*Eleusis*, 18).

147 Aristophanes, *Plutos* 290-321. Vgl. auch Euripides' *Elektra*, wo die ›Jungfrau‹ Elektra mit einem adligen, aber verarmten Landwirt verehelicht wird; als Mittel zur Bereicherung seines höchst gastfreundlichen Hauses gefunden werden, um mit Hilfe eines besonderen Weins aus den Bergen ein Gelage zu veranstalten, gibt Elektra vor, im Hades ein Kind zu gebären, wobei sie mit einem neuen Gatten namens Pylades, ›Tor zum Hades‹, vom Tod zurückkehrt, während ihr früherer Ehemann durch den Erwerb von Reich-

tum in Pylades' Heimatland die Möglichkeit findet, sich als Hades zu verwirklichen.

148 Sophokles, Frg. 273; Aristophanes, *Plutos* 727.

149 Platon, *Kratylos* 403 a.

150 Sophokles, *Antigone* 1199-1200.

151 Euripides, *Alkestis* 360.

152 Bei Phlegon Trallianus, Josephus, Frg. 36. 10., zit. Orakel.

153 Strabon, 5. 4. 5, 13. 4. 14.

154 Orphische Hymne 19. 12 ff. (Kern).

155 Für Fotografien und Interpretationen dieser Vasen vgl. C. Bérard, *Anodoi, Essai sur l'imagerie des passages chthoniens* (Institut Suisse de Rome 1974).

156 Homer, *Odyssee* 5. 125-8; Hesiod, *Theogonie* 969-74.

157 Scholien zu Aristophanes, *Frösche* 324; Scholien zu Euripides, *Troerinnen* 1230; Scholien zu Euripides, *Orestes* 964; vgl. Hesychios, Suidas, *Etymologicum Magnum*.

158 Scholien zu Aristides 3. 648; Diodorus Siculus 3. 64. 1; Lucretius 4. 1160; vgl. Suidas, Photios.

159 Scholien zu Aristophanes, *Frösche* 324: der Scholiast erwähnt, beim Lenäenfest des Dionysos habe der Fackelträger seine Fackel gehalten und den Gott beschworen, während die Anwesenden riefen: ›Semeles Iakchos, der Spender des Plutos‹ (d. i. ›Reichtums‹). Das exakte Zitat eines Ritualrufs muß authentisch sein und kann deshalb nicht als späte Quelle betrachtet werden. Als Kind der Semele muß Iakchos mit Dionysos identisch sein, der ihr einziges Kind war; er ist es, der als Hades den Plutos gezeugt hat, das heißt sich selbst in Gestalt eines Erlösers.

160 Aristophanes, *Frösche* 340 ff.

161 Scholien zu Aristides 3. 648.

162 Alkmaionis, Frg. 3; Euripides, Frg. 472. 11; Kallimachos, Frg. 171; Nonnos, *Dionysiaka* 10. 294; Aristophanes, Frg. 228.

163 Vgl. die *Bakchen* des Euripides, wo Pentheus auf derselben Wiese als Jagdbeute zerstückelt wird, auf der sein Vetter Aktaion infolge des Fluchs seiner Mutter von seinen eigenen Hunden gejagt worden ist (337 ff., 434 ff., 450. 731 ff., 1291). Man beachte auch in Euripides' *Hekabe* und *Hippolytos* das Thema der Verwandlung des Jägers in den Gejagten.

164 Die Etymologie von Zagreus als der ›Große Jäger‹ (vgl. *Etymologicum Gudianum* 227. 37) wird generell angezweifelt (vgl. jedoch *zagre*, das bei Hesychios als ›Fallgrube‹ zum Fangen wilder Tiere erklärt wird, ein Gedanke, der zusätzliche Konnotationen zum ›Grab‹ oder zur ›Grube für chthonische Opfergaben‹ beinhaltet). Das Anfangselement von Zagreus ist vielleicht nicht die dialektale Intensivform *dia/za*, sondern muß mit der Wurzel für eine Getreideart, *zeiai/zaia/zea*, in Verbindung gebracht werden (vgl. Sanskrit *yava*, ›Getreide‹, später ›Gerste‹); diese Wurzel findet sich auch im griechischen Verb für ›leben‹, *zao*.

165 Homerische Hymne 2. 202 ff. Der Name Iambe spielt vielleicht auf den *iambos* an, das jambische Versmaß, das ursprünglich für obszöne Schmähgedichte verwendet wurde.

166 Pausanias 1. 13. 3.

167 E. Abel, *Orphica* (Leipzig 1885) 289.

168 Orphisches Frg. 52 (Kern).

169 Vgl. M. Delcourt, *Hermaphrodite: Myths and Rites of the Bisexual Figure in Classical Antiquity* (London 1961, französische Originalausgabe 1956) 31.

170 Pausanias 1. 14. 3.

171 Clemens Alexandrinus, *Protreptikos* 2. 16–18. Baubo und Dysaules sind das eingeborene, autochthone Menschenpaar in Eleusis. Nach orphischen Überlieferungen hüteten ihre Söhne, der Kuhhirt Triptolemos, der Schafhirt Eumolpos und der Schweinehirt Eubuleus ihre Herden, als sich die Erde beim Raub der Göttin auftat, und Eubuleus verlor seine Schweine im Abgrund. Er ist der ›Mann des guten Ratschlags und guten Willens‹; eine Personifizierung des ›Ratschlags‹ des Zeus, der hinter dem Raub stand, durch den Leben und Tod entstanden. Auf bildlichen Darstellungen ist Eubuleus bei der Entführung zugegen, jedoch nicht aktiv daran beteiligt, denn er war die wohltätige Form von Hades selbst. Ein anderer Mann von gutem Willen war Demeters von Iasion empfangener Sohn Eubulus; offenbar ein anderer Name für das einzige Kind des Paares, Plutos. (Vgl. Kerényi, *Eleusis* 169–80.) Obschon die Erzählungen über Eubuleus aus orphischen Quellen stammen, ist er eine eleusinische Gestalt; er ist in der möglicherweise von Praxiteles geschaffenenen Skulptur eines schönen Jünglings aus dem Plutostempel in der innerhalb des

heiligen Bezirks liegenden Höhle dargestellt (Nationales Archäologisches Museum Athen). Es handelt sich eindeutig um eine andere Erscheinungsform des Dionysos, mit dem er in einer orphischen Hymne identifiziert wurde. Es ist auch zu beachten, daß das Thema des Viehraubes formelhaft in indoeuropäischen Texten im Zusammenhang mit der heiligen Droge vorkommt (vgl. B. Lincoln, ›The Indo-European Cattle-Raiding Myth‹, *History of Religions* 16 (1976), 42-65.

172 Für Belege vgl. Liddell-Scott, *Greek-English Lexicon.*

173 Pausanias 1. 14. 3.

174 Pherekydes, erwähnt in Apollodoros 1. 5. 2.

175 Panyasis, erwähnt in Apollodoros 1. 5. 2.

176 Hyginus, *Fabulae* Frg. 147; zu Kothonea vgl. Servius über Vergil, *Georg.* 1. 19.

177 Eleusinische Stele, spätes 5. Jahrhundert v. Chr., wahrscheinlich aus dem Triptolemostempel: Demeter bietet in Gegenwart Persephones dem Triptolemos eine (heute nicht mehr vorhandene) Getreideähre dar, Nationales Archäologisches Museum Athen.

178 *Lekythos*, Nationales Archäologisches Museum Athen, Nr. 1754, 450-425 v. Chr.: gekrönter Triptolemos mit Persephone oder Demeter.

179 Archaische schwarzfigurige Vase, Roscher, s. v. Kore, Illustration 3: Persephone sieht als Königin in der Unterwelt den Qualen des Sisyphos zu.

180 Attische rotfigurige *skyphos*-Schale, 490-480 v. Chr., bei Capua gefunden: Triptolemos mit den eleusinischen Göttinnen, British Museum.

181 Sophokles, *Antigone*: die Hochzeit mit Hades, 1204-5, 1207, 1223-5, 891-2; ihr toter Bruder als ›verwandtes Blut‹, 891 ff.; Wortspiel mit dem Namen Haimon, 1175. Das Stück zeigt das thebäische Reich des ›Herrschers‹ Kreon im Zwist mit der anderen Welt; die Verbindungswege dazwischen sind auf Kreons Erlaß unpassierbar gemacht worden; mit diesem Erlaß, dem ›Bruder‹ (192) seiner Herrschaft, versucht er, verwandtes Blut zu trennen, indem er einen der toten Brüder vom Reich des Hades ausschließt. Am Ende des Stücks haben Antigone, Haimon und Kreons Gattin Eurydike alle das Leben bei ihren Lieben in der besseren, vom ungeschriebenen Gesetz

der Religion beherrschten Welt gewählt. Es ist zu beachten, daß Eurydike, die denselben Namen wie die geraubte Jungfrau im Orpheusmythos trägt, zuvor mit Megareus, dem ›Mann der Grabkammer‹ verheiratet war (1303); zu ihm kehrt sie nun zurück, denn Kreon hat sich als der wirklich Todbringende erwiesen, indem er den Tod ihres Sohnes verursachte.

182 Euripides, *Iphigenie bei den Taurern*: Die Hochzeit mit dem Tod, durch die Iphigenie in das dionysische Land der ›Stiermenschen‹ kam (vgl. 30), ist ein wiederholt auftretendes Element (27, 216, 364-71, 856-9 usw.), und die Rettung durch einen Bruder bildet ein wesentliches Thema, das in der Rettung der Artemis durch ihren Bruder Apollon und die gleichzeitige Erlösung von dessen eigener prophetischer Stimme aus einer chthonischen Gefangenschaft zum Ausdruck kommt (1234-83.)

183 Sophokles, *Elektra*: Elektra erscheint als Frau, deren Fähigkeit zum Gebären von Kindern wie die ihres mythologischen Urbilds Prokne, der Nachtigall, selbstzerstörerisch ist; durch die Vereinigung mit ihrem Bruder entflieht sie aus dem Reich des Hades, bringt dann Orestes, das ›Bergkind‹, das für sie mehr ihr eigenes Kind als dasjenige ihrer Mutter ist, den Palastbewohnern dar und tauscht damit das mütterliche selbstzerstörerische Potential mit ihrer Mutter, für die der Palast zum Grab wird. Euripides, *Elektra*: Elektras Vereinigung mit ihrem Bruder führt zur List der vorgetäuschten Geburt, durch die sie das Königspaar vernichtet und aus dem verarmten Haus des Plutos entflieht (vgl. Anm. 147).

184 Theophrast, *Hist. Plant.* 2. 4. 1, 8. 7. 1., 8. 8. 3.

185 Ibid. 8. 9. 3.

186 Ibid. 9. 12. 4.

187 Für eine Darstellung von Mohn und Granatapfel in der eleusinischen Symbolik vgl. Kerényi, *Eleusis* 130-44.

188 Theoprast, *Hist. Plant.* 8. 10. 2., 8. 8. 3.

189 *Etymologicum Gudianum* 210. 25.

190 Pseudo-Dioskurides, *de Mat. Med.* 2. 100. Zur Etymologie vgl. Frisk, *Griech. Etym. Wört.*

191 Aristoteles, *Über den Schlaf* 456 b 29.

192 Theophrast, *Hist. Plant.* 8. 8. 3.

193 Plautus, *Miles Gloriosus* 315-23.

194 Ovid, *Fasti* 1. 691.

195 Plinius, *Hist. Nat.* 18. 44.

196 Hesychios, vgl. Ovid, *Fasti* 1. 691 für den Ausdruck ›verdunkelt‹ zur Bezeichnung des getrübten oder veränderten Augenlichts.

197 Plinius, *Hist. Nat.* 18. 44.

198 Pseudo-Dioskurides 2. 100.

199 *Paspalum distichum* wurde in der Antike anscheinend nicht von den anderen Gräsern in seiner Familie unterschieden, die im Griechischen *Agrostidai* heißt. Das antike Gras *agrostis*, die ›Jägerpflanze‹, wurde im Mythos mit dem Meeresdämon Glaukos in Verbindung gebracht und stand im Ruf, magische Eigenschaften zu besitzen, die auf den häufigen Befall von Mutterkorn zurückzuführen sind. Kronos soll im Paradies, auf den Inseln der Seligen, *agrostis* gesät haben, wo es den Pferden des Sonnengottes Helios zur Weide diente, die daraus die zum Flug durch die Lüfte benötigte Kraft bezogen. Als Glaukos erstmals von diesem auf der ungepflügten Erde wachsenden Gras kostete, wurde er vom Meer verschlungen, um die archetypische Reise anzutreten (Alexandros Aitoleus 465, Rose, zitiert bei Athenaios 7. 269 ff.). Dieses Ereignis stand im Zusammenhang mit Glaukos' Liebe zu Hydne, einer ›Wasser-Jungfrau‹, und als dieser Mann aus Anthedron, dem ›Blumenplatz‹, das Kraut aß, wurde er unsterblich (Aischrion von Samos, zitiert bei Athenaios). Seine Liebe muß jener geglichen haben, die Hylas ergriff, als er sich wie ein zweiter Narziß in die Umschlingungen der Wasserjungfrauen stürzte, neben deren Teich diese Pflanze wuchs (Theokrit 13. 42). Man sagte auch, Glaukos habe *agrostis* bei der Jagd im Gebirge gefunden und entdeckt, daß der von ihm verwundete Hase nach dem Bestreichen mit dem Kraut wieder zum Leben erwachte; als er es selbst kostete, wurde er von göttlichem Wahnsinn ergriffen und stürzte sich ins Meer (Nikandros, Frg. 2, Schneider); einem entsprechenden Schicksal verfiel auch ein anderer Glaukos, der Sohn der Weißen Göttin und Vetter von Pentheus und Dionysos. Glaukos' Liebesaffären führten ihn zudem auch ins Bett der Ariadne, in die er sich verliebt hatte, als sie von Dionysos geraubt wurde (Theolytos von Methymna 9, Powel; Euanthes, beide zitiert bei Athenaios). Es hieß, daß Glaukos die Zukunft voraussagen konnte (Diodorus Siculus 4. 489); eine Kunst, die er Apollon persönlich

beibrachte (Nikandros, Frg. 2, Schneider); die Sibylle von Cumae war die Tochter des Glaukos (Vergil, *Aeneis* 6. 36). Und schließlich war es Glaukos, der die Argo erbaute, das erste aller Schiffe, mit dem eine Vereinigung von Helden die urzeitliche Reise zum magischen Garten der Hexe Medea unternahm, um für Iason (griechisch der ›Mann der Droge‹) das goldene Vlies zu erbeuten.

200 Aristoteles, *Verfassung der Athener* 3. 5.

201 *Mykes* ist die allgemeinste der zehn Bezeichnungen für Pilze im Altgriechischen. Vgl. W. Houghten, ›Notice on Fungi in Greek and Latin Authors, *Annals and Magazine of Natural History*, vol. 15 no. 85, 5th series (1885, Jan.) 22-49.

202 Aristias, S. 727, Nauck. Derselbe brüllende Ton (*mykethmos*) erschüttert die Erde von unten, während Medea die Zauberwurzel schneidet, mit der sie dann im Garten von Kolchis Iason salbt (Apollonios Rhodios 3. 864; vgl. 858-9: die Wurzel gehört offenbar zu einer als Schmarotzer auf einer Eiche oder Buche wachsenden Blume).

203 Pausanias 2. 16. 3.

204 Die vielfach vorgeschlagene Etymologie des Namens Mykenai von *mykes* wurde von Krahe zurückgewiesen (*Gnomon* 17. 1945, 472). Es scheint jedoch keinen Grund zu geben, weshalb die Verbindung mit *mykes* nicht korrekt sein sollte. Der Deklinationsstamm von *mykes* alterniert zwischen *myket-* (dritte Deklination) und *myke-* (erste Deklination); das Fehlen eines *-t-* in Mykenai ist deshalb nicht signifikant. Für eine zu einer Pflanze in Beziehung stehende Stadt vgl. *Mekone*, vom Schlafmohn *mekon*. Mykenai ist außerdem eine weibliche Pluralform wie Theben (Thebai) und Athen (Athenai); wie die Namen dieser Städte war Mykenai von der Nymphe des Ortes, Mykene, abgeleitet (Homer, *Odyssee* 2. 120; Hesiod, Frg. 246, Merkelbach und West), der urzeitlichen Braut, deren Abstieg in den Tod den Pakt mit dem chthonischen Reich schloß oder immer wieder neu schloß; auf dieser Vereinigung konnte die lebendige Stadt gegründet werden. Es gab auch eine Überlieferung von einem eponymen männlichen Gründer, Mykeneus, dessen Vater Sparton war, der ›Gesäte‹, offenbar ein Ureinwohner wie die aus dem Land wachsenden Spartoi in Theben (Akusilaos, Frg. 16, Jacoby = Eustathios, zu Homers *Ilias* 2. 569. S. 289. 47; vgl. Scholien zu Euripides, *Orestes* 1239). Die Form von Gründungsmythen zeigt ein tpypisches

Muster der Vermittlung zwischen zwei Versionen des Ursprungs, der Autochthonie und der Einwanderung; der autochthone Bewohner besitzt natürlicherweise pflanzliche Merkmale, und die Vermittlung zwischen den gegnerischen Ansprüchen auf den Ort findet über die heilige Hochzeit statt. Der Name der Stadt Mykenai läßt also vermuten, daß der *mykes* in der mykenischen Religion vorkam. Einer Überlieferung zufolge waren die Ureinwohner im Gebiet der Nachbarstadt Korinth Pilze, die Sisyphos in Menschen umwandelte (Ovid, *Metamorphosen* 7. 312-3; vgl. Apollodoros 1. 9. 3). In Athen war der autochthone Mensch Erichthonios, das schlangenhafte Pflegekind der Athene, das bei seinen Ammen tödlichen Wahnsinn bewirkte; der Name seines Vormunds Erechtheus enthält etymologisch denselben Metaphernkomplex: er ist nämlich der ›Brüller‹ (vgl. *erechtho, orechtho*). Außerdem scheint der Stamm *mykes* im Namen einer weiteren weiblichen Sagengestalt mit Beziehungen zu Hexerei und Kräuterwesen vorzuliegen: die thessalische Nymphe Mykale soll den Mond vom Himmel heruntergeholt haben; sie war die Mutter eines ›Bergmenschen‹ Oreios, eines lasziven Kentaurs, der beim versuchten Raub der Braut des Peirithus dabei war (Ovid, *Metamorphosen* 12. 263). Höchst interessant ist, daß Demeter den Beinamen Mykalessia trug, und zwar nach ihrem Tempel in Mykale in Böotien, der von Herakles, einem der *daktyloi*, der ›Fingermenschen‹-Zauberer aus Kreta, jede Nacht verschlossen und später wieder geöffnet worden sein soll; vor das Standbild der Göttin legte man Früchte von der Herbsternte, die das ganze Jahr hindurch frisch blieben (Pausanias 9. 19. 5).

205 Berliner Museum F. 3022; vgl. A. D. Trendall, *The Red-Figured Vases of Lucania, Campania, and Sicily* (Oxford 1967) chap. xvi no. 335; drittes Viertel des 4. Jahrhunderts v. Chr.

206 Stephanos Byzantios, s. v. *Mykale*; Eustathios, zu Homers *Ilias* 2. 498. Ich möchte Lesley Cafarelli meinen Dank aussprechen dafür, daß sie mich auf diese Stellen aufmerksam machte und mich generell von ihrer laufenden Arbeit über das Motiv der Einfriedung in griechischen Metaphern und Ritualen profitieren ließ. (Vgl. L. Cafarelli, *Temenos and skene: enclosure motifs in Greek myth and poetry*, Diss. Boston 1978, A. d. Ü.)

207 Aristophanes, *Thesmophoriazusen* 998; Aischylos, Frg. 57.

208 Vgl. Euripides, *Bakchen* 615 ff., 689 ff., 1082-3; 1064 ff., 286 ff.

209 Plutarch, *Moralia* 664 b; Athenaios 2. 62 b; Plinius, *Hist. Nat.* 22. 100; Plautus, *Stichus* 770.

210 Theophrast, *Hist. Plant.* 1. 6. 5; Sophokles, *Antigone* 1139; Euripides, *Bakchen* 6.

211 Archilochos, Frg. 34, Diehl; vgl. Hesychios, Herodian.

212 Aristophanes, *Wespen* 248-65; vgl. Ruck, ›Euripides' Mother: Vegetables and the Phallos in Aristophanes‹, *Arion* new series 2/1 (1975) 13-57. Es sei noch darauf hingewiesen, daß in Aristophanes' *Plutos* beim obszönen Tanz des Chors anläßlich des Besuchs des Gottes der Phallos als Mörser zur Zubereitung des *kykeon* verwendet wird, um dann zum Rauschmittel zu werden, zum Wein ohne Wasser, den die Choristen wie Ziegen auflecken (290 ff.).

213 Apicius 7. 15. 6.

214 Antiphanes, Frg. 227 (Edmonds).

215 Donna Kurtz und John Boardman, *Greek Burial Customs* (London 1971) 242-4: ›Es fiele leichter, diese Grabmäler als Phalloi zu akzeptieren, wenn sie auch nur die geringste Ähnlichkeit mit dem Organ zeigen würden, das den griechischen Künstlern wohlbekannt war. Die Asymmetrie der Glans, die Röhre und die Hoden sind nirgends dargestellt, und der Kopf ist oft flach, halbkugel- oder kugelförmig. Die einzige Klasse von Objekten, mit denen diese »phalloi« vergleichbar sind, sind Pilze‹.

216 Nationales Archäol. Museum Athen, Nr. *Pi* 992; vgl. oben Anmerkung 53. Es handelt sich hier um eine gewagte Vermutung, doch sei daran erinnert, daß Dionysos selbst ›Stier-Esser‹ (*taurophagos*) genannt wurde (Sophokles, Frg. 668); in den *Fröschen* des Aristophanes schließt der Chor der eleusinischen Eingeweihten jeden von seinen Lustbarkeiten aus, ›der nicht in die Bacchanalien der Sprache des Komikers Kratinos, des Stier-Essers, eingeweiht wurde‹ (357). Zur Zahl sieben als mystische Zahl in chthonischen Kräuterriten vgl. Apollonios Rhodios 3. 860-1. Und in den *Wespen* des Aristophanes schließlich wird die Prozedur beim Trinken des Halluzinogens als ›Stierhüten‹ bezeichnet (10). Wäre es möglich, daß die in eleusinischen Verzierungen und Vasen mit eleusinischen Szenen vorkommenden Stierköpfe mehr als nur das Opfer eines Stiers bedeuten?

217 Nikandros, *Alexipharmaka* 521; vgl. 525 mit Scholien.

218 Homerische Hymne 2. 482; Sophokles, *Aias* 1167.

219 Homerische Hymne 2. 347. Das Epitheton besitzt formelhafte chthonische Konnotationen; es wird zur Beschreibung des Poseidon, besonders in seinen chthonischen Erscheinungsformen, und seiner Pferde verwendet. Die Hymne schreibt auch dem Gewand der Demeter diese Farbe zu (360, 374, 442, 42, 183). Auch Zauberpflanzen besitzen traditionell diese Farbe (vgl. Pindar, *Sechste Olympische Ode*, wo der zukünftige Prophet Iamos in einem botanischen Kontext nach der violetten Blume *ion* und der Schlangendroge *ios* benannt wird). Die purpurschwarze Farbe der *erysibe* paßt gut zu den Herren der Unterwelt.

Zu den Abbildungen

1 *Gerstenmutterkorn*
Auf Gerste wachsendes Sklerotium von *Claviceps purpurea*

2 *Weizenmutterkorn*
Auf Weizen wachsendes Sklerotium von *Claviceps purpurea*

3 *Loliummutterkorn*
Auf Lolium = Taumellolch, Rauschgras, dem biblischen ›Unkraut‹ wachsendes Sklerotium von *Claviceps purpurea*

4 *Paspalummutterkorn*
Auf *Paspalum distichum* wachsendes Sklerotium
von *Claviceps paspali*
Bilder 1-4: mit freundlicher Genehmigung von Hans Kobel, Sandoz-Forschungslaboratorien, Basel

5 Modell des Eleusinischen Heiligtums in der römischen Periode, Museum von Eleusis. Photo: Carey Alexander & William Peterson

6 *Drei goldene Weizenähren*
350-300 v. Chr., Virginia Museum of Fine Arts, Williams Fund

7 *Amphore*, drittes Viertel des vierten Jahrhunderts v. Chr.
Pergamonmuseum, Ostberlin. Staatliche Museen zu Berlin, Antiken-Sammlung, Inv.-Nr. F. 3022

8 Fruchtkörper von *Claviceps purpurea*
Mit freundlicher Genehmigung von Hans Kobel, Sandoz-Forschungslaboratorien, Basel

9 Karyatide von den inneren Propyläen des römischen Heiligtums
Erstes Jahrhundert n. Chr., Museum von Eleusis, Photo: Carey Alexander & William Peterson

10 *Kernos*
Museum von Eleusis

11 *Pelike*
Fünftes Jahrhundert v. Chr., British Museum, Kat.-Nr. III, 387, no. E. 819

12 *Skyphos*,
490-480 v. Chr., British Museum